进出境物品通关攻略

“关务通·监管通关系列”编委会◎编著

中国海关出版社

图书在版编目（CIP）数据

进出境物品通关攻略／“关务通·监管通关系列”编委会编著．—北京：中国海关出版社，2013．10
（关务通·监管通关系列）
ISBN 978-7-80165-978-1

Ⅰ．①进… Ⅱ．①关… Ⅲ．①出入境管理-基本知识-中国
Ⅳ．①D631．46

中国版本图书馆CIP数据核字（2013）第215047号

进出境物品通关攻略

JINCHUJING WUPIN TONGGUAN GONGLUE

作　　者：“关务通·监管通关系列”编委会
出 品 人：杨振庆
总 策 划：谭宁
策划团队：赵中娜　刘倩　钟刘　郭坤　马超
责任编辑：赵中娜
责任监制：王岫岩
出版发行：中国海关出版社
社　　址：北京市朝阳区东四环南路甲1号　　邮政编码：100023
网　　址：www.hgcbs.com.cn；www.hgbookvip.com
编 辑 部：01065194242-7529（电话）　　01065194234（传真）
发 行 部：01065194221/4238/4246（电话）　　01065194233（传真）
社办书店：01065195616/5127（电话/传真）　　01065194262/63（邮购电话）
北京市建国门内大街6号海关总署东配楼一层
印　　刷：北京京都六环印刷厂　　经　　销：新华书店
开　　本：710mm×1000mm　1/16
印　　张：15．75　　字　　数：203千字
版　　次：2013年10月第1版
印　　次：2013年10月第1次印刷
书　　号：ISBN　978-7-80165-978-1
定　　价：60．00元

前　言

随着我国对外开放的扩大和深入，民间对外交往日益增多，个人出境旅游购物、探亲访友日趋普遍，我国进出境人数逐年增长。由于个人物品进出境渠道多样，管理规定分布较广，涉及广大群众切身利益，日益成为媒体和大众关注的热点。尽管坊间流传各类个人物品进出境通关攻略，但内容不尽统一，有的甚至意见相左，不仅不利于普通旅客参考通关，还有误导之嫌。

本书编辑的出发点就是从一名没有接触过海关业务，需要办理个人物品通关手续的普通人视角入手，通过一个个小场景、小故事，将进出境个人物品中常见的旅客行李物品，邮递物品，禁限规定，特定人员进出境物品，特殊地区购物免税、退税等管理要求与个人通关流程串联起来，从而为普通大众提供一个更加迅速、便捷地了解个人物品通关的窗口和渠道，力争使大家无须再去寻找适用的法律法规，只要依自身需求“对号入座”，便可按图索骥地办理各项常见个人物品通关业务。

本书主要特点体现为：

第一是形式活泼。本书尝试以旅客小赵等人的经历及所见所闻为主线，以一个个可读性强的小故事为载体，通过活泼生动的语言、贴近真实的情景设置，细致务实地解读个人进出境物品海关通关政策，帮助读者轻松掌握个人进出境通关时应当知悉的相关法律法规及办理流程。

第二是针对性强。本书设计了旅客进出境、邮递物品进出境、特殊人员物品进出境等多种场景，便于读者对照参考。同时，本书将坊间大量“通关攻略”以“小赵攻略”的形式予以总结，通过“海关点评”及“小贴士”等内容纠正其中错误的、模糊的认识，两相对照，给读者一个正确的通关指引。本书同时针对近年来进出境物品中的电子产品、化妆品、奶粉等热点问题辟出专门篇幅，并给予详细说明。

第三是解析精准。本书是由海关长期从事一线监管工作的专家，通过业务实践累积精心打造而成的。他们在工作过程中，接触、收集了大量的案例，具备丰富的实践经验。为编写此书，他们充分考虑需求，认真汇总反映的实际问题和实际监管过程中遇到的典型案例，查阅大量资料并经过反复研讨和修改，保障了本书内容的准确性和严谨性。

第四是方便易用。本书体例新颖，内容丰富，重点突出，紧扣个人物品进出境实际，体现适用、实用、易用、方便的特点，指导、帮助旅客迅速了解海关规定，熟悉通关流程，确保旅客配合海关高效办理通关手续。

本书具有查阅便捷、通俗易懂的特点，力求成为进出境个人物品的通关宝典。本书也可帮助海关关员从另一视角审视监管工作，研究监管和服务的重点，从而提升业务能力，因此，本书也是一本不错的业务培训教材。

阅读本书时，建议与该系列丛书中的《便捷通关一本通》、《快速通关自查手册》、《通关典型案例启示录》等一起配套使用，以便更好地掌握通关全过程及相关业务知识，切实解决通关难题。

本书由北京海关白锋统稿，兰州海关王洪亮审稿，其中进出境旅客通关部分由拱北海关张化强编写，特定人员通关部分由北京海关白锋、朱彦、谢娜、高举、范宇编写，禁限类物品、特殊区域物品通关部分由深圳海关邹仕健、莫润林、黄锦霞、陈伟民、陈晖、孙开宇编写，邮递物品通关部分由广州海关梁始联、游建华、冯洁平编写，最后由海关总署监管司审定。

本书在组织编写、统审稿等过程中得到了北京海关、天津海关、大连海关、上海海关、南京海关、青岛海关、长沙海关、广州海关、深圳海关、拱北海关、黄埔海关、兰州海关，上海海关学院，中国海关管理干部学院的大力支持，特此表示衷心的感谢！

由于时间仓促和水平有限，书中不妥之处在所难免，恳请读者批评指正。“关务通”邮箱：guanwutong@ mail. customs. gov. cn。

目 录

第一章　进出境旅客通关

本章从旅客的角度入手，将涉及海关旅检通关的工作流程、管理要求进行系统化梳理，以案例的形式，就进出境旅客行李物品的申报、查验、限额、归类、征免税等问题进行解读。阅读本章有助于旅客更好地了解个人携带行李物品验放等进出境海关规定，确保配合海关正常检查，进一步维护自身权益，并保证顺利通关。

第一节　旅客进境

情景一　小赵出国旅游归来——居民旅客进境

小赵是广州某电器公司的销售主管，长年在外跑销售，由于工作努力，工作短短三年时间就从一名普通销售员提升为销售主管，也因如此，平日难得请假休息。“五一”黄金周长假期间，为了增进与相恋多年女友的感情，满足女友希望出国旅游的愿望，还听说泰国的风景不错，旅游团费也不高，和女友商议后，小赵打算到被誉为“亚洲最具异国风情的国家”——泰国长长见识，于是到旅行社报团参加了泰国五日游。

因为是第一次出国，出发的头天晚上，小赵兴奋得睡不着，憧憬着即将开始的没有工作压力的甜蜜之旅，心情大悦。按照旅行社导游的提醒，小赵仔细检查了出国必备的证件和旅行团标记物，以及为旅行准备的换洗衣物、现金、摄像机和药品等，生怕遗漏了什么。

出行当天，小赵和女友带着行李早早地来到参团的旅行社，找到了所在的旅行团队集合，坐上大巴很快就到达了广州白云国际机场。机场候机室里，处处都是涌动的人头，正逢假期，出国旅游的人特别多。

在旅行社导游的带领下，小赵和女友十分守序地过关，只见过关通道上有许多中英文显示的“中国海关”标志，海关关员一边微笑着目送旅客，一边抽检部分旅客的行李。小赵和女友本想用手机把过关情景互拍下来发到微博上，好向粉丝们炫耀一番，但因为赶时间，且经团友提醒看到通道旁边“请勿拍摄”的标志，只好作罢，随着团友经过“绿色通道”即“无申报通道”过关。

经过好几个小时的长途飞行，小赵和女友终于到达了泰国。五天时间里，旅行社给安排了满满的行程，什么“大皇宫”、“泰国寺庙”、“芭堤雅海滩”、“人妖秀”、“泰式按摩”等。旅行社在行程中还安排了三次购物活动，看到琳琅满目的商品和开心的女友，小赵倾囊而出，给女友购买了包括“面霜”、“眼影”、“精华液”等一大堆折合人民币好几千块钱的美容化妆品，还买了一个限量版的名牌手袋给女友作为定情信物，又给自己买了一台最新款的数码相机。

小赵大致地算了一笔账，购买的物品包括化妆品、数码相机、名牌手袋等折合起来比国内价格便宜了将近一半。五天的甜蜜之旅后，他和女友满心欢喜地踏上了归国的旅程。

终于回国了，小赵又是肩背，又是手拖行李，和女友一并随着其他团友过关。望着一脸心满意足、笑意盈盈的女友，小赵浑身充满了干劲，心想，回来还得努力工作，赚取更多的薪水，有机会和心爱的人一起游遍全世界。

小赵正走着，身边传来声音：“先生您好，请将行李放在 X 光机上接受检查。”原来是过关通道上的海关关员小李示意小赵接受检查。

“为什么只查我们，其他人却放走了呀？”小赵有些不满地问道。

关员小李微笑着向他解释：“先生，根据法律规定，接受海关查验是旅客的义务，请您配合。”

过完X光机后，关员小李告诉小赵要把行李带到检查区进行开箱检查。小赵感到莫名其妙：“刚才不是过了机吗？怎么还要重复检查呀？我们带的东西违反了规定吗？你这样好像是故意刁难我们。”

“先生，X光机是海关查验的手段之一。请您相信也请您理解，我们对所有旅客都一视同仁，没必要也不会刁难旅客。”

在海关检查区，小赵和女友带些怒气地把两个旅行箱和背包一并扔上海关检查台，对关员小李说：“看吧看吧，要检查你们尽管检查个够，反正我们没带什么违法的东西，不怕你们查。”

关员小李依然微笑着对小赵他们说：“两位，配合检查也是每个旅客的义务，请把箱子和背包打开吧！”

小赵双手一摊：“我们够累的了，要打开你们就自己打吧！”

“先生，按照海关的规定，因为行李是你们自己的，需要由你们自行开拆。”

“居然还有这样的规定？不是欺负人嘛？”不过生气归生气，在关员和女友的劝说下，小赵还是把所有行李都打开让关员小李检查。

检查完后，关员小李对小赵及女友说：“按照海关规定，你们从境外旅游回来每人可以享有5 000元人民币的免税额度。你们带回来的化妆品、数码相机、摄像机和名牌手袋都需要缴纳海关关税。”

小赵非常不解，生气地问：“相机要缴税也就算了，摄像机可是我们从国内带出去的，凭什么要我们缴税？你们这样不是和抢钱差不多吗？还有，手袋虽说是名牌，还是限量版的，可我们在国外购买的时候还退了税的，回来居然还要缴税，这有什么理由呀？”小赵一边质疑海关的税收政策，一边摆弄着摄像机向关员反复地解释，展示摄像机内的国内录像，以证明摄像机是国内带出去的。

关员小李说：“先生，请您冷静一点，听我解释好吗？”

“听啥听呀？这里都是你们说了算，解释和不解释有什么区别，还不是都得上税。”

关员小李知道又遇到了每天在查验中都会遇上的“马大哈”式的旅客，为了履行自己的工作职责，小李又得一一地向小赵解释。

“数码相机、数码摄像机均属于国家规定的不予免税的商品，从境外带回来都得缴纳海关关税。您不能出示有效的携带摄像机出境的申报单证，而海关对其他证明不予接受，因此，摄像机需要缴税。

另外，境外购买的商品按照规定是享有5 000元人民币免税额度的，超出免税额度需要缴税。你们携带的化妆品中，有面霜40瓶，眼影60盒，精华液30瓶，粉底液60支，收缩水40支，虽然你们刚才也说了这些是自己使用和送给亲戚朋友的，但已经超出了海关规定的自用标准，是需要按货物办理报关手续的。”

小赵一听头都懵了，但仍据理力争：“刚才你也说了，每个人有5 000元的免税额度，我们两个人加起来不就是有10 000的免税额度吗？额度内的物品是不是应该免税呀？”

关员小李回答：“先生，这问题您问得非常好，按照海关规定，你们每个人是享有5 000元的免税额度，但仅限于自用合理的物品。”

听说要缴纳一笔不小的税款，并且化妆品还得按货物办理报关手续，女友不禁埋怨起小赵来：“你不是说在网上看过攻略了吗？这些你怎么都不看呀？瞧瞧，现在亏大发了吧。”

望着有些生气的女友，小赵有些垂头丧气，“在网上看的是到泰国旅游必去的景点和景点的相关介绍，还有就是一些购物攻略，也不知上哪儿去找这些规定，以为不带什么违法的东西回来就行，根本没想到还有这么多之前都不了解的规定。唉，算了算了，都怨我，该咋办就咋办吧，这回可真要大出血了！”

经过关员小李的一番解释，小赵和女友虽相当不情愿，但还是按规定缴纳了数码相机、摄像机和名牌手袋等物品的税款，并按规定办理了化妆品的进口报关和纳税手续。

小赵攻略

1. 大家出境前一定要了解相关海关规定，没把握的可在出境海关通道的咨询台向关员咨询。摄像机带出去时是需要申报的，出境时在申报台把相关内容填好，特别是机子的品牌和型号。申报单要保管好，回来时主动申报，选择“红色通道”过关并将申报单交给关员。

2. 在国外购买的东西享有 5 000 元人民币的免税额度，包括化妆品，不过，化妆品可以买很多种，但每一种不能买太多。另外，摄像机和数码相机等电子产品没有免税额度。

3. 遇到海关检查时要自己打开行李，这样既避免破损，也为自己节约时间。

海关点评

1. **第一条小赵的总结基本正确。**

（1）根据《关于在全国各地对外开放口岸实行新的进出境旅客申报制度》（海关总署公告 2007 年第 72 号）的规定，进出境旅客携带有应当申报的物品的，应如实填报申报单，并将有关物品交海关验核，办理有关手续；海关只接受书面形式的申报，以其他任何形式或在其他任何时间、地点作出的申明或表示都不视作申报。小赵出境时未向海关申报其所携带的摄像机，而其摄像机内的录像不能作为其从国内带出去的证明，因此小赵的摄像机也须缴纳海关关税。

（2）除海关免予监管的人员及随同成人旅行的 16 周岁以下旅客以外，进出境旅客携带有应向海关申报物品的，须填写“中华人民共和国进出境旅客行李物品申报单”（图 1－1），向海关书面申报，并选择

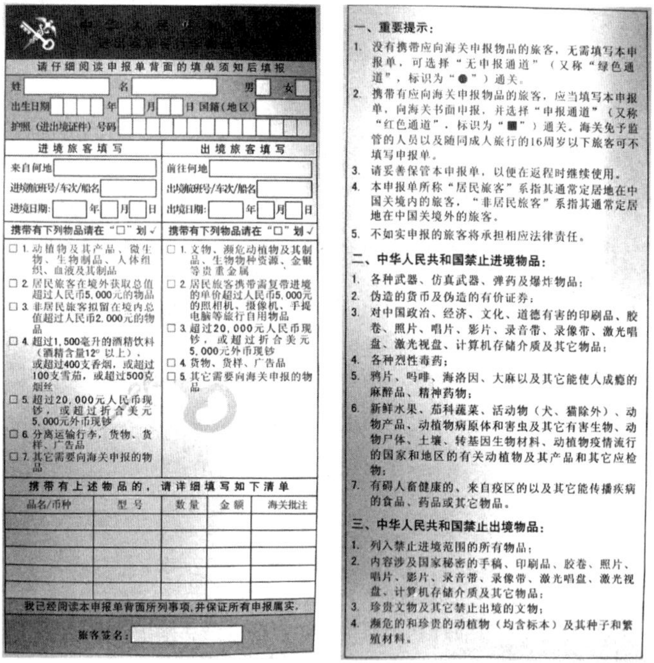
请仔细阅读申报单背面的填单须知后填报
姓 名 男 女
出生日期 年 月 日 国籍（地区）
护照（进出境证件）号码

进境旅客填写	出境旅客填写
来自何地	前往何地
进境航班号/车次/船名	出境航班号/车次/船名
进境日期： 年 月 日	出境日期： 年 月 日
携带有下列物品请在"□"划✓	携带有下列物品请在"□"划✓
□ 1. 动植物及其产品、微生物、生物制品、人体组织、血液及其制品	□ 1. 文物、濒危动植物及其制品、生物物种资源、金银等贵重金属
□ 2. 居民旅客在境外获取总值超过人民币5,000元的物品	□ 2. 居民旅客携带需复带进境的单价超过人民币5,000元的照相机、摄像机、手提电脑等旅行自用物品
□ 3. 非居民旅客拟留在境内总值超过人民币2,000元的物品	□ 3. 超过20,000元人民币现钞，或超过折合美元5,000元外币现钞
□ 4. 超过1,500毫升的酒精饮料（酒精含量12°以上），或超过400支香烟，或超过100支雪茄，或超过500克烟丝	□ 4. 货物、货样、广告品
□ 5. 超过20,000元人民币现钞，或超过折合美元5,000元外币现钞	□ 5. 其它需要向海关申报的物品
□ 6. 分离运输行李，货物、货样、广告品	
□ 7. 其它需要向海关申报的物品	

携带有上述物品的，请详细填写如下清单

品名/币种	型号	数量	金额	海关批注

我已经阅读本申报单背面所列事项，并保证所有申报属实。

旅客签名：

一、重要提示：

1. 没有携带应向海关申报物品的旅客，无需填写本申报单，可选择"无申报通道"（又称"绿色通道"，标识为"●"）通关。
2. 携带有应向海关申报物品的旅客，应当填写本申报单，向海关书面申报，并选择"申报通道"（又称"红色通道"，标识为"■"）通关。海关免予监管的人员以及随同成人旅行的16周岁以下旅客可不填写申报单。
3. 请妥善保管本申报单，以便在返程时继续使用。
4. 本申报单所称"居民旅客"系指其通常定居地在中国关境内的旅客，"非居民旅客"系指其通常定居地在中国关境外的旅客。
5. 不如实申报的旅客将承担相应法律责任。

二、中华人民共和国禁止进境物品：

1. 各种武器、仿真武器、弹药及爆炸物品；
2. 伪造的货币及伪造的有价证券；
3. 对中国政治、经济、文化、道德有害的印刷品、胶卷、照片、唱片、影片、录音带、录像带、激光唱盘、激光视盘、计算机存储介质及其它物品；
4. 各种烈性毒药；
5. 鸦片、吗啡、海洛因、大麻以及其它能使人成瘾的麻醉品、精神药物；
6. 新鲜水果、茄科蔬菜、活动物（犬、猫除外）、动物产品、动植物病原体和害虫及其它有害生物、动物尸体、土壤、转基因生物材料、动植物疫情流行的国家和地区的有关动植物及其产品和其它应检物；
7. 有碍人畜健康的、来自疫区的以及其它能传播疾病的食品、药品或其它物品。

三、中华人民共和国禁止出境物品：

1. 列入禁止进境范围的所有物品；
2. 内容涉及国家秘密的手稿、印刷品、胶卷、照片、唱片、影片、录音带、录像带、激光唱盘、激光视盘、计算机存储介质及其它物品；
3. 珍贵文物及其它禁止出境的文物；
4. 濒危的和珍贵的动植物（均含标本）及其种子和繁殖材料。

图 1－1　中华人民共和国进出境旅客行李物品申报单

"申报通道"（又称"红色通道"）通关。

2. **第二条小赵的总结不够全面。**

（1）5 000 元人民币的免税额度仅限"居民旅客"，即出境后仍回到境内其通常定居地者，小赵和女友就属于"居民旅客"的范畴。

（2）根据《关于进境旅客所携行李物品验放标准有关事宜》（海关总署公告 2010 年第 54 号）的规定，进境居民旅客携带超出 5 000 元人民币的个人自用进境物品，经海关审核确属自用的，海关仅对超出部分的个人自用进境物品征税，但对不可分割的单件物品，全额征税。小赵购买的限量版名牌手袋单件超出了人民币5 000元，应该按照规定全额缴纳海关关税。

（3）单一品种的物品限自用合理数量。"自用"是指旅客本人自用、馈赠亲友而非为出售或出租，"合理数量"是指海关根据旅客旅行目的和居留时间所规定的正常数量。自用合理数量是海关对进出境旅客行李物品实行征税、免税、扣留、退运等处理的重要依据之一。超出自用合理数量的物品是没有免税额度的。小赵携带的物品中虽然有5 000元的免税额度，但单一品种的化妆品已经超出了自用合理范围，不但不能享受免税，还须按货物办理报关手续。

（4）国家规定20种商品为不予减免税物品，不享有5 000元人民币免税额度。进境不予免税的20种商品为：电视机、摄像机、录像机、放像机、音响设备、空调器、电冰箱（电冰柜）、洗衣机、照相机、复印机、程控电话交换机、微型计算机及外设、电话机、无线寻呼系统、传真机、电子计数器、打字机及文字处理机、家具、灯具和餐料。任何旅客携带上述20种商品进境都必须缴纳关税。

3. **第三条小赵的总结也基本正确**。

根据《中华人民共和国海关对进出境旅客行李物品监管办法》规定，查验进出境旅客行李物品的时间和场所由海关指定。海关查验行李物品时，物品所有人应当到场并负责搬移物品，开拆和重封物品的包装。海关认为有必要时，可以单独进行查验。海关对行李物品加施的封志，任何人不得擅自开启或者损毁。

小贴士

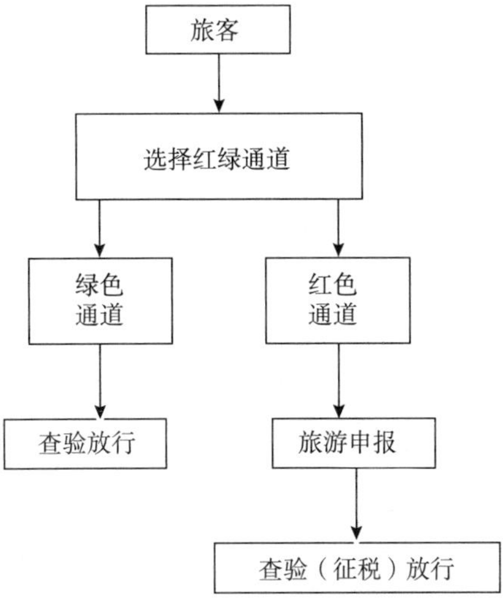

图1－2　旅客通关示意图

附件

海关旅检监管相关法规

1.《中华人民共和国海关对进出境旅客行李物品监管办法》（海关总署令第9号）对进出境旅客行李物品监管做出全面的规范描述。中国籍旅客还适用《中华人民共和国海关对中国籍旅客进出境行李物品的管理规定》（海关总署令第58号）。

2.《中华人民共和国海关对进出境旅客旅行自用物品的管理规定》（海关总署令第35号）、旅客进出境行李物品分类表、《关于进境旅客所携行李物品验放标准有关事宜》（海关总署公告2010年第54号）等对自用物品的范围、限量及监管作出了规定。

3.《中华人民共和国禁止进出境物品表》和《中华人民共和国限制进出境物品表》（海关总署令第43号）是对禁限物品的种类的规定。

4.《中华人民共和国海关关于进出境旅客通关的规定》（海关总署令第55号）涉及对进出境旅客通关的新规定。

典型案例 2008年空姐李某从海南航空公司离职后，在淘宝网上开了家“空姐小店”，从国内其他网店购买化妆品后加价销售。

2010年8月起，李某与在韩国工作的褚某合作，由褚某提供韩国机场免税店账号，并在韩国付货款。

2010年9月1日始，海关将个人邮寄物品进口应征税税额起点从500元下调到50元。许多像李某这样的卖家，开始选择以个人携带入境的方式避税。

2010年8月至2011年8月间，李某去韩国带化妆品达29次，男友石某17次，通过以客带货的方式从无申报通道携带入境，均未向海关申报。

2011年8月31日，李某从韩国到达北京首都机场后，被早已布控在此的侦查人员抓获归案。

2012年7月18日，离职空姐李某因多次从免税店购买化妆品入境而未申报，并在网络上销售牟利，被北京市二中院一审以走私普通货物罪判处有期徒刑11年，罚金50万元，其合作伙伴亦受到7年和5年刑罚。

案例分析 李某在庭审中对于自己涉嫌走私是认罪的，只是辩称没有预谋，理由是每次都随人群出关，并未注意走的是申报通道还是无申报通道，不清楚带化妆品还要交税。作为经常飞国际航班的空乘人员，不知海关的相关规定显然说不过去，何况海关在进出境区域均有明确提示。如果不知自己该不该走申报通道，就应该主动选择申报通道通关。

若李某认为自己买的是免税商品，因此不需申报，也不符合客观事实。对于机组购买免税品的验放，海关是参照短期多次往返旅客的标准执行的。近年来，空乘人员私自带货入境的问题也时有发生，况且李某也知道自己带回的化妆品是用于网店销售。依据《中华人民共和国刑法》相关规定，走私行为偷逃关税超过5万元即构成走私普通货物、物品罪，货物、物品都在其列。大部分携带超过规定金额物品的旅客都抱有“看看能不能顺手带过去”的侥幸心理，希望这个案例能引起各位进出境旅客的重视。

法律链接

1. 根据《中华人民共和国海关法》第46条及《中华人民共和国海关对进出境旅客行李物品监管办法》第11条规定，海关有权查扣进出境旅客下列行李物品：

（1）不属自用的；

（2）超出合理数量范围的；

（3）超出海关规定的物品品种、规格、限量、限值的；

（4）未办理海关手续的；

（5）未按章缴税的；

（6）根据规定不能放行的其他物品。

2.《中华人民共和国海关法行政处罚实施细则》第5条规定，走私国家限制进出口或者依法应当缴纳关税的货物、物品的，没收走私货物、物品和违法所得，可以并处走私货物、物品等值以下或者应缴税款三倍以下的罚款。

3.《中华人民共和国刑法》第153条规定：

（1）走私货物、物品偷逃应缴税额在50万元以上的，处10年以上有期徒刑或者无期徒刑，并处偷逃应缴税额一倍以上五倍以下罚金或者没收财产；情节特别严重的，依照本法第151条第四款的规定处罚。

（2）走私货物、物品偷逃应缴税额在15万元以上不满50万元的，处3年以上10年以下有期徒刑，并处偷逃应缴税额一倍以上五倍以下罚金；情节特别严重的，处10年以上有期徒刑或者无期徒刑，并处偷逃应缴税额一倍以上五倍以下罚金或者没收财产。

(3) 走私货物、物品偷逃应缴税额在5万元以上不满15万元的，处3年以下有期徒刑或者拘役，并处偷逃应缴税额一倍以上五倍以下罚金。

小贴士 旅客也不必过于紧张，了解了本章的内容，并按照规定携带行李物品及办理行李物品的进出境手续，相信您一定能够顺利通关。切莫心存侥幸，宁可占用点时间主动申报把问题搞懂，也不要稀里糊涂蒙混过关。最后祝所有旅客旅途愉快！

情景二　小赵一家内地省亲记——非居民短期旅客进境

小赵为澳门籍人士，大学毕业后在一家保险公司工作。由于工作的原因，小赵有时会到内地推销险种，也由于澳门地方小，周末或空闲时间小赵喜欢和家人到与澳门一关之隔的珠海等地旅游、购物和消费。复活节假日期间，在内地乡下的表妹结婚，小赵和父母受到舅舅的邀请回去喝喜酒。按照父母的要求，小赵买了一对价值近万元的情侣手表作为表妹结婚的贺礼，以及一大堆“手信”（礼物）包括香烟、洋酒、巧克力、猪肉干等送给乡下的亲戚。舅舅来电还说因为上高中的表弟最近学业突飞猛进，让小赵帮忙买一台超薄笔记本和一部最新款的手机给表弟作为奖励。

小赵心想，工作三年多了，虽然常到珠海消费和游玩，但好长时间没和父母一起回乡下探望亲戚了，这回买了这么多礼品带回去，让父母有点衣锦还乡的感觉，他们一定很开心。

假期到了，一家三口兴高采烈地带着所买的物品过关回乡下。

过关时，海关关员小黄通过行李检查机从小赵他们携带的行李箱内看到有大量的烟酒和疑似手提电脑的金属物件，于是决定对小赵一家的行李进行仔细检查。

关员小黄说：“先生，请出示您的证件，我们需要对您的箱子进一步检查。”

小赵纳闷地说：“刚才不是过机检查了吗？还要检查呀？”

关员小黄说：“先生，这是海关例行检查，请您配合到里面的检查区作进一步检查。”

既然是这样，小赵一家只好跟随关员到海关检查区去排队检查。到了检查区，小赵一看，排队办手续的人还真不少呢，而且很多人也和自己一样拖着大包小包的行李，烦躁的心稍微安定了些。由于要赶时间，小赵忍不住对关员小黄嚷嚷道：“以前经常过关都很少被检查的，这次为何就只检查我们呀？配合不是什么问题，只是担心东西翻乱了我们收拾起来麻烦，我们还得赶时间坐车回乡下呢。”

关员小黄说：“先生，我们会按程序尽快检查，如果检查完没有什么问题，应该不会耽误你们太多的时间。”

排了十来分钟的队，终于轮到小赵一家办手续了。

接过小赵他们递过来的澳门居民过关专用的“回乡卡”，负责办理手续的关员小陈问：“请问你们最近一次回内地是在什么时间？”

小赵答：“我们一家人基本上每周都来内地的呀，有问题吗？”

关员小陈微笑着检查清楚后对小赵说：“没问题，内地随时都欢迎你们回来，只是你们携带的物品中有些超出了海关规定的限量，超出限量的部分是不允许带进来的，有些物品带进内地是需要缴税的。”

小赵相当郁闷：“阿 sir（港澳地区通常对海关关员的称呼），不会是因为刚才我多说了两句就要缴税吧？”

关员小陈说：“先生，请您不要误会，海关是按规定对物品进行验放的，决不会因为规定以外的原因多征税款。”

小赵的父亲也跟着着急：“哎呀，多说也没用，阿 sir，要怎么办你就快点说，我们的班车还有半个小时就得开了，再拖时间我们买的车票可得作废了。”

关员小陈说：“先生女士，经过清点，你们携带的物品有香烟 6 条计1 200支，洋酒 3 瓶计 2 250 毫升，手表 2 块价值折合人民币 9 000 多元，手提电脑 1 台，手机 1 部，还有巧克力和猪肉干各 20 盒，请确认一下是否是这个数。”

小赵说：“没错，这些东西都是我们买回去送给亲戚或是帮亲戚带的，不会不让带吧？”

关员小陈说：“除了禁止、限制类的物品外，海关对旅客免税、应税带进的物品都有对应的限量、限值。”

小赵说：“那你快给我们说说，这些东西都怎么办，我们要赶时间。”

关员小陈说：“好的，根据海关规定，你们携带进来的手提电脑和手机属于国家规定的不予免税的范畴，也就是说不能享受免税；你们在 15 天内进出境超过 1 次，属于短期多次往返的非居民旅客，携带的 2 块价值9 000多元的手表和洋酒也不能享有免税额度；香烟每人只可免税携带 40 支进来，超出部分也需要缴税；还有，巧克力和猪肉干已经超出了自用合理数量范围，对超出部分我们要作退运处理。”

“不是吧？以前怎么没有听说？我们以前回来也很少带东西的哦。”小赵一家对海关的处理非常不解，粗略估算，所带的物品加上关税，价格和在内地买相差无几，再说手提电脑和手机是帮舅舅买的，如要缴税，又得增加一笔费用，回去不知该如何向舅舅解释了。

一直站在旁边等候处理的小赵母亲终于也开口了：“阿 sir，这些东西有什么办法可以不用缴税呀？”

关员小陈说：“根据你们进出境的海关检查情况记录，如果你们确实赶时间，可以先把这些物品暂时存放在海关监管仓库，回头你们再来办理相关手续，您看可以吗？如果可以，我现在就给你们办理入仓待处手续。”

小赵和父母左右思量，手表是表妹结婚的贺礼，而手提电脑和手机是帮舅舅买的，都是急需品，至于烟酒，是父母带回去送给亲戚希望挣足面子的礼物，也必须带回去，缴税就缴税吧。那些巧克力和猪肉干，看看能不能跟关员说说好话，让他通融一下。

于是，小赵母亲脸上堆满笑容对关员小陈说：“阿 sir，我儿子年轻气盛，说话有时不注意，刚才说话有冒犯的地方，还请你原谅。”

关员小陈说：“女士，我能理解，常有旅客因为对海关规定不够了解而产生疑问。”

小赵母亲继续说：“阿 sir 呀，是这样的，我们这次难得一家人回乡下喝喜酒和探亲，你刚才说的那些物品要缴税就缴吧，但巧克力是我们专门托人从国外带回来的，猪肉干也算是澳门的特产了，很多去澳门旅游的游客都会买回去的，你们天天在这上班，见得多了，我们回乡下一趟真的非常不容易，求求你这次给关照一下，下回我们肯定不会再带这么多东西了。”

关员小陈说：“不好意思，你们带的这些食品类的巧克力和猪肉干确实超出了自用合理范围，是需要按货物报关的。”

赵母仍然不放弃努力，说：“阿 sir，我们也不想太麻烦你，如果你职权范围可以处理，希望你手下留情，让我们带回去好了。”

“真的很抱歉，女士，这是海关的规定，这个我还真帮不到您。”

见无法说服关员，小赵母亲只好说：“那好吧，阿 sir，就按你说的规定办理吧，我们还得赶时间，请你尽快给我们办理手续。”

最后，关员小陈根据海关的规定并在遵从小赵一家人的意愿后对他们所携带的物品作了如下处理：

手表、手提电脑和手机及洋酒征税，香烟在每人免税放行 40 支后征税，巧克力和猪肉干放行了自用合理部分后，对超出部分进行了退运处理。

在缴完税并拿到海关退运单后，小赵父母对关员小陈说："好了好了，以后进出我们也知道规定了，阿 sir，谢谢你了。"

关员小陈接着说："不客气，这是我们的工作，祝你们旅途愉快!"

小赵攻略

1. 如果不是长途旅行，最好不要带太大的行李箱，省得过关时被海关检查起来麻烦多多，影响过关的时间。

2. 携带电脑、手机等电子产品和烟酒物品过关还是分开带为好，要不过机检查时会看得一清二楚，很容易被海关抽查。

3. 旅客带进的行李物品除了有限量还有限值，而且旅客有"居民"和"非居民"之分，"非居民"旅客携带的物品比"居民"旅客限值更加严格。

4. 超过规定且不能征税的物品，海关要进行退运处理，一般情况下别一次带太多的东西。

海关点评

1. **第一条小赵的总结不完全正确。**

（1）对进出境旅客行李物品按一定比例实施查验是海关一种正常的执法监督行为，对于维护正常旅客通关秩序是很有必要的。

（2）海关查验是在维护进出境旅客合法权利的前提下，遵循严格的程序进行的。

2. **第二条小赵的总结是错误的。**

（1）旅客进出境时，如果携带了需要申报的物品，应主动向海关申报，如不主动申报将承担相应的法律后果。

（2）海关经机器查验行李后，如果发现有可疑物品，有权作进一步开箱手工检查；检查过程中对旅客进行询问时，旅客需给予必要的配合；对旅客携带的应税物品，海关核实后，可作征税处理。

（3）根据《中华人民共和国海关对中国籍旅客进出境行李物品的管理规定》的规定，“短期多次往返旅客”是指15天内进出境超过1次以上者，海关只放行其旅途必需品；当天往返或短期内多次来往于港澳地区的旅客带进香烟的免税限量40支（两包，限1天1次）或雪茄5支，或烟丝40克，不准免税带进酒。

3. **第三条小赵的总结基本正确**。

所谓“非居民旅客”，是指进境居留后仍回到境外其通常定居地者。根据海关总署公告2010年第54号的规定，进境非居民旅客携带拟留在中国境内的个人自用进境物品，超出人民币2 000元的，海关仅对超出部分的个人自用进境物品征税，但对不可分割的单件物品，需全额征税。小赵一家携带进境的手表即属于此类物品。

4. **第四条小赵的总结不够全面**。

（1）所谓“退运”，是指旅客行李物品因无法办结海关手续不能携带进出境，或因违反海关规定被海关责令退运，需要带返的情形。

（2）退运分为退内（即退回国内）和退外（即退回境外）两种情况。

（3）旅客携运属下列情形的物品，海关不予放行，予以退运或由旅客存入海关指定的仓库：

①不属自用的；

②超出合理数量范围的；

③超出海关规定的物品品种、规格、限量、限值的；

④未办理海关手续的；

⑤未按章缴税的；

⑥根据规定不能放行的其他物品。

（4）物品所有人应当在3个月内办理退运、结案手续。逾期不办的，由海关依照相关规定处理。

小贴士 根据《中华人民共和国海关对中国籍旅客进出境行李物品的管理规定》，短期内多次来往香港、澳门地区的旅客和经常进出境人员及边境地区居民，海关只放行其旅途必需物品。

旅客携带物品超出规定免税或征税限量的，经海关审核准予征税放行，但对超出部分的征税数量，不得超过规定准予免税或征税的限量。

附件

进出境旅客需申报物品

一、进境旅客：

（一）动、植物及其产品，微生物、生物制品、人体组织、血液制品；

（二）居民旅客在境外获取的总值超过人民币5 000元（含5 000元，下同）的自用物品；

（三）非居民旅客拟留在中国境内的总值超过人民币2 000元的物品；

（四）酒精饮料超过1 500毫升（酒精含量12度以上），或香烟超过400支，或雪茄超过100支，或烟丝超过500克；

（五）人民币现钞超过20 000元，或外币现钞折合超过5 000美元；

（六）分离运输行李，货物、货样、广告品；

（七）其他需要向海关申报的物品。

二、出境旅客：

（一）文物、濒危动植物及其制品、生物物种资源、金银等贵重金属；

（二）居民旅客需复带进境的单价超过5 000元的照相机、摄像机、手提电脑等旅行自用物品；

（三）人民币现钞超过20 000元，或外币现钞折合超过5 000美元；

（四）货物、货样、广告品；

（五）其他需要向海关申报的物品。

情景三　马虎小赵办分运——旅客分离运输行李管理

“好久不见啦，李哥！工作太忙，咱兄弟俩能聚一聚可真是不容易，最近过得怎么样啊?”小赵和小李刚一见面，就紧紧地把手握在一起，左手借势又来了个拥抱，一边拍着对方一边说道。

小李和小赵是从小一起长大的好哥们，又是十几年的同窗好友。高中毕业后，虽然考上了不同的大学，但一直没断联系，彼此早已把对方视作无话不谈的知己，以兄弟相称。大学毕业后，通过自己的努力，两人都找到了一份满意的工作，小赵在一家国内知名的合资企业负责市场营销。由于业务需要，单位准备安排具备一定工作经验的小赵去一趟英国，进行为期半个月的市场调研。借着这么个由头，临行前，哥儿俩挑了一家不错的中餐馆，和以往一样，叙叙旧，谈谈工作和生活，一聊就是好几个钟头，仿佛打开了话匣子，滔滔不绝，直到餐馆打烊，才依依不舍地相互道别。

“李哥，下个月公司派我去一趟英国，有需要的东西尽管说。”头一次出国的小赵得意地说。

“好兄弟，什么事都想着我，呵呵。”小李接着说：“心意我领啦，也没什么需要带的，帮我带 2 条香烟回来吧。”

“No Problem！小事一桩！”小赵爽快地应允下来。

两周的英国之行很快就要结束了，这半个月小赵可没闲着，除了到交易推介会现场参观，还与当地几个大客户接洽了订单事宜。准备回程时，小赵才发现有好多行李，单是办事处的财务账簿和推介会的材料就是两大箱，其中还有些当地的特色工艺品、流行服饰、1 台打印机及 5 条英国牌子的香烟。由于要运回国的行李太多，小赵选择将上述两大箱物品以分离运输的方式委托 DHL 快递公司承运回北京，把剩下的个人衣物和旅途必需用品放在随身行李中，登机前在值机柜台办理了托运手续。一切手续办妥后，小赵踏上了归国的旅程。

“各位旅客，本次航班的终点站首都国际机场到了，欢迎您乘坐本航空公司的班机!”小赵走出舱门，自在地伸了个懒腰：“终于可以休息两天了，这趟差可不轻松啊。”他自言自语道。看到机场免税店的香烟不错，小赵又购买了2条，准备留着自己抽。

排队付款的小赵闲来无事，打开手机拨通了小李的电话，准备跟好兄弟“汇报”一下交代任务的完成情况。

“李哥，我到北京了，你交代的任务圆满完成，帮你买了5条烟，到时要好好感谢我，请我吃顿饭啊。”

“5条烟?”小李问道，“每个进境旅客只允许带2条啊，我以前出国旅游时看见申报单上写的。”

“是吗?”小赵想了一下，笑道，“谢谢你提醒，我刚刚买的是2条，没有超量，那5条烟放在分运行李里了，海关应该不管吧。”

“这个倒不是很清楚，但是申报单好像有分运这么一项。你最好去问问海关，主动申报一下没有坏处。”

“嗯，听你的。”

小赵提取完行李后，按照小李的建议选择“红色申报通道”，来到了海关申报柜台。见柜台处有两个人在咨询问题，他便自取了一份申报单准备了解一下，恰好听到前面办理业务的一位长者向海关咨询：“小伙子，我是缅甸常驻机构的员工，要申报分运行李，在你们这里盖章后提货时间有没有限制啊?”

申报台一位戴眼镜的海关关员微笑着解释道：“您好，按照规定，旅客以分离运输方式运进行李物品，经海关核准后，自旅客进境之日起6个月内运进。”

“多亏了小李提醒啊，要不就忘记填申报单了。”小赵不禁自言自语道，刚好被柜台的关员听到。

“像您这种情况的旅客我们也碰到过，由于对相关政策不了解，部分进出境旅客以分离运输方式办理行李托运手续后，在进出境时没有向海关申报，未取得批注签章的申报单，导致后续部门无法正常为其办理分运行李的验放手续，从而影响到了正常的工作、生活需要。”

小赵挠挠头，有些不好意思地笑了笑。

“还好您朋友及时提醒，帮您省去了不少麻烦，下次进出境之前可要好好了解一下海关的规定啊。”海关关员对小赵说。

“我这次乘坐的是 CA906 次航班从仰光始发，经停昆明机场后到达北京，我的分运行李手续在哪里办呢？”排在小赵前面的长者问道。

申报台的海关关员推了推眼镜，耐心地解释道：“您这个问题提得很好。由于分离运输行李连同旅客随身携带进出境的行李物品是合并计算的，因此海关需要按照进出境旅客携带行李物品的相关规定，在托运行李及手提行李的进境地对其进行审核并作相应批注。”

关员接着说道：“其实您在昆明机场入境第一站就应该进行咨询，好在您的托运行李是直挂，无须在昆明提取，只需在昆明海关办理手提行李手续即可。”

“下次我们单位想让我从仰光运回一批返修货物，请问可以通过分运行李渠道运进吗”老先生接着问。

“不好意思，这样不可以。顾名思义，分离运输行李应该运的是‘行李’物品，通常包括一般的生活用品、书籍或家具等，以自用合理数量为限。如果要进口货物，则必须通过货物途径进行通关，不能以分离运输方式进口。”关员回答道。

“哦，是这样啊。另外如果我下次通过海运和邮递两种方式托运，是不是要分开填写申报单呢？”

“是的，两份申报单均需要填写清楚。随后持申报单和相关材料，到相应的分运行李通关现场办理后续提取手续。”

“谢谢你啊，小伙子！”老先生拿着批注好的申报单，微笑着对关员点了点头。

“您好！请问申报单如何填写？”轮到小赵办理了，他拿着笔，比画了半天，不知道从哪里开始写起。戴眼镜的关员双手接过小赵的申报单，给他耐心地讲解起来：“单据抬头这些是您的基本信息，需如实进行填写；将左侧进境旅客填写栏第六项进行勾选，并在下方的详细列表处将您个人随身携带的行李物品及分离物品两项内容分开填写，分离运输行李最好随附详细的物品清单。”

小赵如实填写了随身行李中衣物、香烟及其数量、价值，并将分运行李中的物品列出一份手写清单，和护照一并交予关员验核。

“请拿好，注意在 6 个月内持本申报单、护照及个人身份证件、提货单据和分运行李物品清单到分运行李进境地海关办理征免验放手续。具体情况您可以咨询现场业务二处及承运的快递公司。”

两周后，小赵顺利提取到了个人的分运行李。业务现场对 5 条香烟及打印机参照行邮物品完税价格表进行了征税，其余服饰和工艺品按照小赵提供的购物发票，扣除剩余免税额度后按票面价值进行了征税。

一切手续办理完毕，小赵长舒一口气，感叹道：“还好及时填写了申报单，要不然可没有这么快喽。”

老友再次相聚，小赵举杯对小李表达了诚挚的谢意。多亏了他，马虎小赵这次办了回明白事儿。

“你不是有微博吗，还不写篇分运物品的通关攻略，给大家提个醒，点击率肯定高。对了，别忘了把我也写进去啊，哈哈。”

“没问题，回去说办就办。来，干杯！”

小赵攻略

1. 分运行李和进出境时在机场的托运行李不是一个概念，但是两者的免税额度是合在一起算的。

2. 分运行李的香烟和打印机要全额征税，旅客渠道通关的两条香烟可以免税。

3. 通过分离运输方式进出境的行李物品一定要记得及时向海关申报啊，不然东西就拿不到了。

4. 货物不能通过分离运输方式进出境，其他的除了禁止携带的应该都可以通过分离运输方式进出境。

5. 提取行李要在入境以后半年以内，记得带齐各种证件，最主要的是入境时的那份申报单。另外建议带好分运行李物品的购物发票，可以节省手续办理时间。

海关点评

1. **第一条小赵的总结正确**。

根据《中华人民共和国海关对进出境旅客行李物品监管办法》规定，“分离运输行李”指旅客在其进境后或出境前的规定期限内以托运方式运进或运出的本人行李物品。

“空运进出境分离运输行李”指不随旅客乘坐航班同时进出境的旅客行李物品。进境分运行李一般在旅客本人入境后运抵境内，出境分运行李一般在旅客本人出境前办理托运。

2. **第二条小赵的总结不准确**。

烟酒有免税额度，国家规定应当征税的20种商品无免税额度（留学人员、常住人员等特殊旅客按照相关规定验放）。小赵的打印机属于20种商品之一，因此需要全额进行征税。由于分离运输行李与随身携带行李物品合并计算价值，小赵随身携带通关的两条香烟免税额度已使用，因此海关对分运行李中的5条香烟全额进行征税。

3. **第三条小赵总结得正确**。

申报是分离运输行李中非常重要的一个步骤。旅客以分离运输方式运进或运出行李物品，应由物品所有人持本人有效证件，在进出境时向当地海关旅检部门申报，并按要求填写申报单。

对未申报而要求补办的，经海关核实确实属于旅客不明规定造成的疏漏，海关按规定程序予以审批补办。补办会耽误您宝贵的时间，请切记进出境前主动向海关进行申报。

海关制作的关封或签批的申报单会交与旅客，由旅客本人或是委托人凭此办理下一步手续，切勿自行拆开或涂改。

4. **第四条小赵总结得正确**。

海关依法对分运行李进行检查。国家规定禁止进出境的物品不能办理分离运输行李手续，国家限制进出境的物品，旅客应交验有关主管部门签发的进出境许可证件。分离运输行李中有国家规定禁止或限制进出境物品的，海关将依照有关规定进行处理。

5. **第五条小赵总结得正确**。

根据《中华人民共和国海关对进出境旅客行李物品监管办法》规定，旅客以分离运输方式运进行李物品，应当在进境时向海关申报，经海关核准后，自旅客进境之日起6个月内（含6个月）运进。

以中国籍居民旅客为例，以分运行李方式运进运出行李物品，应向业务工作处提交以下单证：

（1）旅客本人护照等身份证件；

（2）进出境旅客行李物品申报单（运出分运行李可不用提供）；

（3）“中华人民共和国海关进出境自用物品申请表”（表1－1）；

（4）提（运）单（运出行李无须提供）、装箱单等。

表1-1 中华人民共和国海关进出境自用物品申请表

JG41

海关编号
Customs Serial No.____________

中华人民共和国海关
CUSTOMS OF THE PEOPLE'S REPUBLIC OF CHINA

进出境自用物品申请表
APPLICATION FORM FOR IMPORT/EXPORT OF ARTICLES FOR PERSONAL USE

申请人姓名（中英文） Applicant's Name（Chinese and/or English）_____ 性别 Sex_________ 国籍 Nationality_______ 出生年月 Date of Birth ________

所在机构名称及海关代码 Organization and Customs Code______________________ 住址 Address______________________

护照或通行证号码 Passport/Pass No.____________ 居留证件号码 Residence Permit No. ____________ 身份证件号码 ID No.____________

物品批文号 Permit No. of Articles____________ 联系电话 Telephone__________ 进/出境 Entry/Exit ______ 进出境口岸 Entry /Exit Port ______

启运/运抵国（地区） Departure/Destination Country（Region）____________ 装货/指运港 Port of Loading/Delivery ____________

运输方式（水路 铁路 汽车 航空 邮政 其它） Means of Transport:（water rail road air mail other）________ 运输工具名称 Carrier's Name______________

航次（班）号 Voyage/Flight No. ______ 提运单号 Bill of Lading No. __________ 件数 Number of Piece（s）___ 毛重（千克） Gross Weight（kg）___

备注
Remarks____

以下内容可委托代理公司填写
The following may be completed by the Agency (Agent) entrusted.

申请人身份类别 Status of Applicant________ 进/出境日期 Entry/Exit Date________ 包装种类 Type of Package ___ 体积 Volume______ 标箱数 Number of TEU_____

内包装件数 Quantity of Inside Packages________ 受托方名称及海关代码 Agency/Agent and Customs Code No.______________________

本人申报进/出境下列行李物品，并保证所有申报属实。
I, the undersigned, hereby apply for the importation /exportation of the following luggage items and guarantee that all my declaration is true.

项号 Item No.	物品税号 Tariff Code	物品名称 Descriptions	规格/型号 Speci./Model	数量 Quantity	单位 Unit	币制 Currency	总价 Total Value	备注 Remarks

申请人签名 Applicant's Signature 机构签章 Seal of Organization 申报日期 Date of Application　　附____页 Pages Attached	海关批注 Customs Remarks 海关签章 Customs Seal

小贴士 留学回国人员、我驻外使领馆离任馆员、高层次人才、非居民长期旅客及常驻人员等特定人员以分离运输行李或其他非贸易渠道方式进出境生活自用物品，工作用科研、教学等物品的验放标准按照相关政策执行。详细内容请参考本书第二章特定人员通关规定。

对短期内多次来往香港、澳门地区的旅客和经常进出境人员及边境地区居民，海关只放行其旅途必需物品。来往港澳的旅客，如属于非居民长期旅客或特殊原因，经海关特准，可以“分离运输行李”方式运进或运出行李物品。

情景四　小赵的分离运输行李物品超量了——旅客分离运输行李管理

小赵是一名留学生，就读于美国某知名大学。酷爱音乐的他和几个志同道合的乐迷组建了一支摇滚乐队，在学校的各种演出中总少不了他们的身影。业余时间，小赵还有另一项兴趣爱好，就是热衷于收集音乐唱片。虽然美国的音乐唱片价格较贵，但品种齐全，而且紧跟流行趋势，是音乐发烧友淘宝的“圣地”。回国前，小赵以分离运输方式，委托某快递公司将两箱个人物品空运回国，其中除了一些生活必需品外，剩下的都是他在读书期间收藏的唱片。回国后的第二天，小赵备齐各种证件，满心欢喜地来到海关物流部门办理物品提取手续。哪知海关关员的回复仿佛给他当头泼了一盆冷水。

“您好，根据规定，您所邮寄分运进境的唱片需要按照货物办理报关手续。”

原来小赵携带 CD 唱片单碟共计 300 张。

“可是这都是我自己听的啊，怎么算是货物呢，明明是个人物品嘛。”小赵很是费解。

"根据《中华人民共和国海关进出境印刷品及音像制品监管办法》第9条的规定，个人携带单碟（盘）发行的音像制品进境，每人每次超过100盘的，海关需对全部进境音像制品按照进口货物依法办理相关手续。"

"啊，还有这样的规定啊，哎，我早查查就好了。"最后，小赵按照规定办理了相关手续，取到了自己的"珍宝"。

小赵攻略

邮寄物品回国时，最好提前做一下功课，查查海关规定，看看自己寄的东西是不是有类型、数量之类的限制，有些东西是压根不允许进出境的，有些不受类型限制，但是有数量限制，比如我寄唱片回来，虽然不受类型的限制，但是就有数量限制，不能超过100盘，大家要根据自己邮寄的物品，具体情况具体分析。

海关点评

小赵的总结基本正确。小赵携带的音乐唱片虽然不属于禁止和限制进出境物品，但数量上已达到按进口货物办理报关手续数量，因此需要办理货物报关手续。对此，需要进一步说明的是：

所有列入我国禁止进出境物品表和限制进出境物品表的物品都应按照禁限物品进行管理，不能以自用合理数量作为能否放行的标准。

另外在数量方面，不同数量需要依法办理不同的海关手续。需要注意的是，即使数量未超过自用合理数量范围，但是如果具有贸易性质，如出售或者出租，海关也需对其全部按照进口货物办理相关手续。

旅客应如实填写进出境旅客申报单中个人"分运行李"项下的物品，认真填写"中华人民共和国海关进出境自用物品申请表"，并为其真实性负责，虚报或伪报物品都将承担相应责任，情节严重、涉嫌走私违法犯罪的，还将追究其法律责任。

为便于读者理解，现将分离运输行李办理流程图（图1－3）及常见分运运输方式办理步骤表（表1－2）总结如下供读者参考。各个口岸的具体操作略有差异，所需材料及办理详情请在进出境前咨询当地海关主管部门及承运单位。

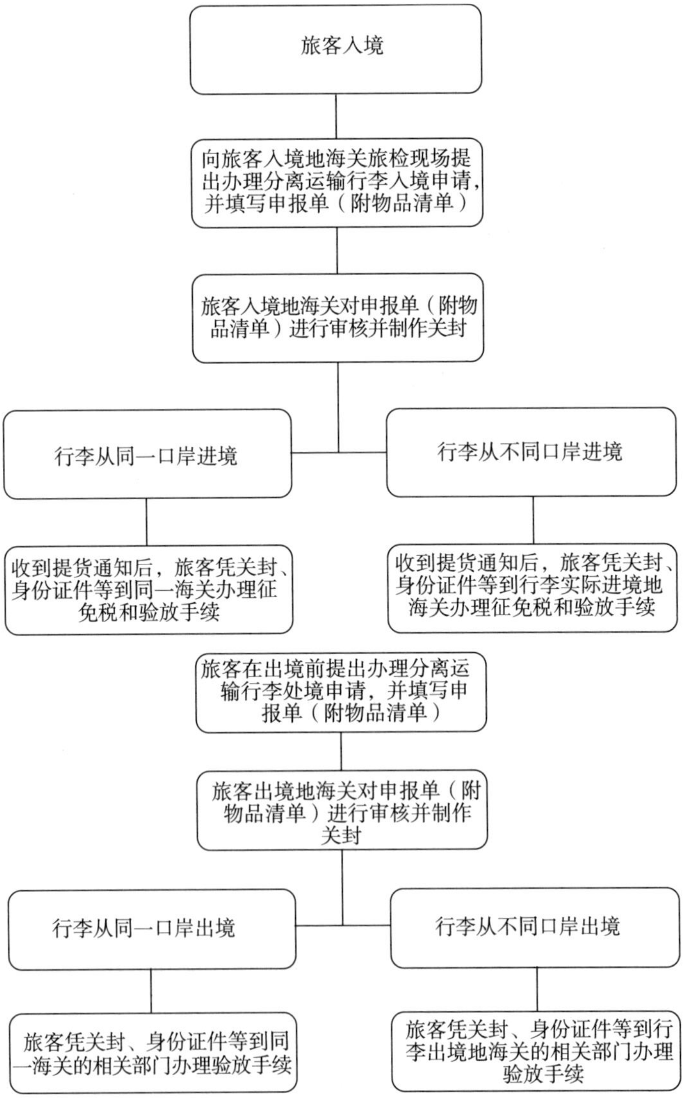

图1－3　分离运输行李办理流程图

表 1－2　常见分运运输方式办理步骤表

	进　境	出　境
空运	旅客收到航空公司提货通知后，由本人或代理人向机场海关预录入及打印申报单证，并提供相应材料。海关接单，对分运行李进行检查，并办理征、免税等手续。	旅客或其代理人凭相关材料到机场海关非贸专窗办理分离运输行李物品出口手续。旅客持盖有海关验讫章的托运书到旅检及民航办理托运手续。
海运	旅客收到提货通知后，由本人或代理人持有关证件和材料向海关申报，旅客持盖有海关放行章的提货单到指定的仓库或码头提取行李物品，同时接受海关查验并办理征、免税手续。	旅客必须委托经海关核准的非贸代理报关公司，并事先到承运单位登记，由承运单位与海关商定查验日期。经海关查核正常的，准予运入监管仓库，待承运单位装运出境。
邮运	旅客应事先在邮包上标明“分离运输行李”字样。邮包运抵海关指定监管场所后，海关进行监管，在“分离运输行李”邮包的包裹单上加盖“面洽”印章，由邮局通知收件人。收件人持“面洽”通知单、凭相关材料到海关驻邮局办事处办理验放手续。	出境邮包收件人持凭“面洽”通知单和本人相关材料至海关驻邮局办事处，海关审核单证并查验，办理验放手续。

小贴士　“自用合理数量”既是海关验放进出境旅客行李物品的基本原则，也是区分货物、物品的重要标准。物品与货物的本质区别在于其是否具有贸易属性，物品具有非贸易（即合理自用）的属性。个人携带或托运数量相对较大、价值相对较高的物品应当按照货物进行认定。个人可以选择委托报关代理行清关或将上述货物退运境外。

第二节　旅客出境

情景一　小赵送表姐到香港——居民旅客出境

小赵系广东深圳市居民，表姐前些年嫁了一个香港籍人士，等了多年，最近表姐的香港居留签证终于办好，准备带着女儿到香港居住。大概一个月后，表姐来电说表姐夫在香港买的新房子已经装修完毕，准备入住，可因为表姐夫出差不能到深圳来接表姐母女，希望小赵帮忙将她们送到香港。小赵父母得知后让小赵带了些精美的山水字画和和珍藏多年的虎骨作为礼物送给表姐。

小赵赶紧到进出境管理处办好了“往来港澳通行证”签证，准备随时等候表姐的通知送表姐母女到香港，顺道也去香港购物。

出行那天，阳光明媚，表姐母女的心情特别好。表姐只比小赵大两岁，从小到大常一块玩，感情非常要好，看到等待多年终于可以一偿心愿的表姐，小赵暗暗替她们高兴。小赵去外面找了辆小货车，把表姐要带的东西都装在了上面。

好不容易来到关口，因为小货车不能进去，小赵只得使尽浑身的力气，又是肩背，又是手拖地带着几大件行李和表姐母女一道过关。

过关中，海关关员小刘让小赵把所携带的行李都放到行李检查机上过机检查。

过完 X 光机后，关员小刘对小赵说：“先生，请您到检查台这边来，我们需要对您的行李作进一步检查。”

“刚才不是已经过机检查了吗？我们这些东西都打好包了，拆开可就装不回去了哦。”小赵说道。

关员小刘说："先生，请出示您的证件，请问您有物品需要申报吗?"

小赵答："什么申报呀？我可不知道要申报什么，这些东西都是我帮表姐带去香港的，都是些日常用品，是不是告诉你们这些就不用申报了?"

"先生，申报是旅客必须履行的义务之一，如果您携带了有需要申报的物品，必须按规定申报。"

"那听你这样说我们可是没什么东西要申报的。行李就不用打开了吧?"

"很抱歉，先生，您是否携带了字画等物品呢?"关员继续问道。

小赵好像突然想起来什么似的，说："哦，是的，这是我父母送给表姐的，因为听说在香港的表姐夫喜欢字画，他们入住新居，父母就把自己珍藏的字画送给他们，以祝贺他们乔迁之喜。既然你们刚才过机都看到了，还有申报的必要吗？其实不但有字画，还有虎骨呢，都是我自家的东西，怎么，这些不会不让带吧?"

关员小刘说："好吧，先生您先别急，请您先把行李打开接受检查。"

听说还是得开包检查，一直站在旁边的小赵的表姐开腔了："你们是不是看到我们老实觉得好欺负呀？我表弟不是已经告诉你们了吗？打开了回头装不进去怎么办呀？检查完你们是不是负责给打包好呀？我们到香港还有好长一段路呢。"

关员小刘耐心地答道："女士您也不要着急，开包检查是海关的职责，我们会尽快，请你们配合一下。"

小赵表姐似乎来气了："配合配合，你们就知道让我们配合，为什么你们就不能配合我们?"

"女士请您先冷静冷静，一会儿我会告诉您相关规定，好吗?"关员小刘继续耐心地解释。

因为女儿一直在哭，小赵表姐更加生气了，声音一下子提高了八度："又是规定，规定我们听得可多了，这么多人过关，你们为什么单单只给我们讲规定呀，又不见你跟其他人讲什么规定，这是什么道理呀?”

小赵表姐的声音引来了过关人群的围观，见此情景，为了避免事态扩大，关员小刘马上说道：“先生女士，这样吧，请你们把行李拿好，跟我到检查区去检查吧，正好那有椅子，女士您也可以带小朋友去休息一下。”

到了检查区，关员小刘搬了一张椅子让小赵表姐坐下，孩子也没再哭了，小赵表姐虽然还在气头上，但没再说话，只是气鼓鼓地坐在那一言不发，关员小刘要求小赵把行李打开检查。

小赵虽然不情愿地打开了行李，但还是向关员小刘追问：“检查完你们是不是可以给装好呀?”

“先生，根据海关规定，虽然旅客有开拆和重封包装的义务，但检查完后我们会尽力配合你们重新包装，放心好了。”关员小刘答道。

经过开拆检查得知，小赵他们携带了成卷的16幅未曾装裱的字画。

检查完后，关员小刘对小赵他们说：“先生女士，你们这次携带的字画虽然有一些年了，但还不算文物，可以带过关的。经过检查，没有发现你们携带虎骨，虎骨是国家规定禁止出口的物品，一经发现，你可能要面临查扣，物品来源也要接受调查。执法是很严肃的事情，你可不能跟海关开玩笑啊。”

小赵不好意思地说：“嗨，对不起啊！之前我们还真不知道有这规定的，刚才多有冒犯，请你原谅。我本来准备带点父母珍藏多年的虎骨，也算是家传珍品，送给表姐用来做虎骨酒的，感觉带了出关可能会有问题，临行前就没带。因为的确是自家祖传的东西，如果我按照海关规定申报了，是不是就可以带出去了?”

关员小刘说：“先生，您这问题问得很好，不过就算你们主动申报了，还是不能带到境外去，只是承担的责任不同。”

“嗨，之前我们还真不知道有这规定，刚才多有冒犯，请你原谅。”

“先生，您的心情我能理解，但希望你们今后多了解些海关规定，在不了解规定前还是应该多听听我们海关人员的解释，向旅客宣传海关政策是我们每一个关员的职责，而了解海关政策也是你们每一个旅客应尽的义务。”

“好的好的，谢谢你让我们知道了这么多海关规定，以后我们出关前都尽量多了解一些规定。对了，你们这有打包的工具吗？东西还真装不下了，麻烦你了。”

“好的，请您稍微等一会儿，我马上去给您找找。”很快，关员小刘就从仓库找来了打包工具，协助他对行李物品进行了重封。

见此情景，一直抱着女儿一声不吭的小赵表姐忙跑到关员小刘跟前说道：“真不好意思，刚才我们错怪你了，请你原谅，太感谢了，再见。”

关员小刘微笑着说：“不客气，再见，祝你们旅途愉快！”

小赵攻略

1. 带了有属于文物的物品出关要提前申报，不清楚时可在出境的海关申报台咨询，以避免不必要的麻烦。如果不申报会被海关处理，如果被没收那可就得不偿失了。

2. 虎骨虽然是中药材，但其列入我国签署的濒危物种国际公约，属于国家禁止进出境物品，不允许携带出入境，如果不是特别需要，最好不要携带，带出关的证明几乎无法办理。

3. 除虎骨外，带其他中成药出关也是有限制的，出关时最好随身带上购买的发票。

海关点评

1. **第一条小赵的总结基本正确，但不够全面。**

（1）根据海关申报制度的规定，出境旅客携带有文物、濒危动植物及其制品、生物物种资源、金银等贵重金属的，应在申报单相应栏目内如实填报，并将有关物品交海关验核，办理有关手续。

（2）出境文物凭文物出境许可证验放。北京、上海、天津、广东、江苏、浙江、福建、云南 8 个国家文物局文物进出境审核管理处经授权可开具文物出境许可证、文物复仿制品证明，但均需加盖“国家文物局文物进出境审核专用章”。

不能交验许可证明但向海关申报的，不准出口，予以退运，限 3 个月内由当事人或其代理人领回，过期不领的，海关按有关规定处理。未向海关申报的，予以立案处理。

2. **第二条小赵的总结基本正确**。

（1）濒危动植物及其制品、生物物种资源，凭野生动植物允许进出口证明书、非进出口野生动植物种商品目录物种证明核放。

（2）严禁进出口犀牛角和虎骨（包括其任何可辨认部分和含其成分的药品、工艺品等）。对旅客携带进境的药用羚羊角，限 50 克，超出限量的，海关凭中华人民共和国濒危物种进出口管理办公室的批件，按照《中华人民共和国海关进出口税则》予以征税放行。

3. **第三条小赵的总结不够全面**。

（1）《中华人民共和国海关对旅客携带和个人邮寄中药材、中成药出境的管理规定》（海关总署令第 12 号）是海关监管中药材、中成药出境的执法依据。

（2）旅客携带中药材、中成药出境，前往港澳地区的，总值限人民币 150 元，前往国外的，限人民币 300 元。麝香不准携带或邮寄出境。

小贴士 美术品是指艺术创作者以线条、色彩或者其他方式创作的具有审美意义的造型艺术作品，包括绘画、书法、雕像、摄影、装置等作品，以及艺术创作者许可并签名的，数量在200件以内的复制品。其不包括工业化生产的工艺美术品，不包括文物。

对个人携带美术品进出境，进出境海关认为内容性质难以确定时，可要求携带人将拟进出境美术品的相关材料送达美术品进出口口岸所在地省、自治区、直辖市文化行政部门审查，文化行政部门在接受材料15日之内出具审查意见。海关根据审查意见决定是否验放。

第三节　特殊物品进出境

情景一　小赵替公司带货样——旅客携带货样广告品

小赵为珠海一家表业加工装配公司的部门经理，工作多年，因为腿脚勤快，也因为做了多年的报关员，对公司的进出口业务相当熟悉，因此深得老板的赏识，进出口方面的许多业务处理，老板还得仰仗他。

6月的一天上午9点不到，正值周日放假时间，难得在家陪伴家人的小赵接到了老板的电话。老板在电话里说公司上周出口到欧洲比利时的货物因有部分不合格，需要公司重新补上，时间非常紧急，必须当天就把货物发出去，但因为国内无合适的航班，走船期更加来不及，只能到澳门赶下午3时20分的航班发货。老板许诺，若是把这事办好了，给小赵放三天假，还有适当的奖金奖励。

小赵二话不说，和家人道别后马上开车到公司，问明情况后向老板保证一定完成任务。

为了赶时间，也因为货量不大，小赵直接就把一小包手表零件放进随身携带的挎包里准备带到澳门去发货。

小赵急匆匆地赶到口岸出境检查大厅，出境大厅已经排起了长长的人龙。小赵有些傻眼了，心想这可怎么办呢，照这样排队过关，最快也得1个小时，再稍微耽搁一下可就赶不上航班了，那样的话要被老板骂死。小赵边排队边想，要不要换个口岸出关呢？这样排下去可能就真赶不及了。犹豫间又转念一想，人多也正好，过关时兴许关员就不会查到自己了。

排了将近1个小时的队，终于可以过关了，小赵长舒了一口气，同时在心里默默祈祷，千万千万不要被海关关员抽中检查。过关时，凭着多年和海关关员打交道的经验，小赵虽然心里很急，但是假装晃悠着往前走，并暗暗告诫自己，千万不能走得太急，万一被某个关员看穿检查起来麻烦可就大了，更可能偷鸡不成蚀把米。

可是说巧不巧，小赵正想着，在经过海关检查台时，耳边传来清晰的声音："先生，请您过来接受检查。"原来是海关关员小王叫小赵过去检查。小赵心里咯噔了一下，不会这么倒霉吧，这下可麻烦了。

"先生，请出示您的证件。"关员小王微笑着对小赵说。

小赵虽然强装镇定，但双手仍止不住颤抖，装模作样地左掏右掏，最后从裤兜里慢悠悠地掏出"往来港澳通行证"递给了关员小王。

"先生，请问您有物品需要申报吗？请把您的挎包打开接受检查。"

小赵僵硬的脸上堆满了笑容："哦哦，我没什么要申报的物品，你看我这小包能装什么东西呀，我只是去澳门办点私事，顺便去买些东西回来，我赶时间呢，要不我把挎包过机检查，这样你们省事我也少事。"说话间，小赵就把挎包放到了行李机上。看到今天过关的人多，过机检查的人也挺多，小赵就把挎包塞到其他旅客的行李中一起过机，企望关员不注意，蒙混过关万事大吉了。把挎包过完机后，小赵快步走到检查台，对站在检查台对面的关员小王说："关员，没事我就先走了。"边说边想从关员小王的手中拿回证件。

关员小王一看这情形，感觉不太对劲，从刚才过机检查的情况也大致猜出了八九分，于是严肃地对小赵说："先生，请您把挎包打开，我们需要检查。”

“关员，我真的是赶时间，包里装的只是简单的私人用品，你也看到我刚才已经过机检查了，是不是不用再开包检查了?”小赵急忙说道。

“先生，检查行李是我们的工作，不会耽误您太多的时间，检查完没问题您很快就可以过关了。”

无奈之下，小赵非常不情愿地打开挎包让小王检查。

经过清点，关员小王从小赵随身挎包里的小纸盒内查出“表针”380 支和“表壳”65 只，并接着对小赵说：“先生，您携带的物品明显不属于个人自用的行李物品，需要按货物办理报关手续，我们先给您办理入仓待处手续。”

听小王这么一说，小赵额头上冷汗直冒，有些哆嗦地对小王说：“关员，你看我也没带太多的东西，这一小包手表零件是我公司着急发往欧洲的，价值也不大，你就行行好吧，这次给我过，下次我再也不敢了。”

“很抱歉，这条通道验放的是旅客自用的行李物品，您还是按规定去办理相关手续吧。”

小赵近乎哀求地说：“关员，我真的求你了，你就放我一马吧，今天如果不能把这些手表零件带到澳门去发货，我公司可得赔偿不少钱的。这还不算，我在老板面前可是打了保票的，这事要是没办妥，回去我就有可能会被老板炒鱿鱼，求求你帮我这个忙吧，我会感谢你的。”

“我们也是执行海关的规定，请您理解。您不是要赶时间吗？还是赶紧去办吧。现在去办理报关手续，也许还能赶得上发货，您看如何?”小王回答。

“关员，还有没有更好的办法呀？就算你现在给我办退运，我的所有单据都不在身边，现在去报关还是来不及的，真的求你了。”

“求我就不必了，还是想办法怎么去报送交货吧。”

听小王这么说，小赵知道没办法了，再磨下去也只能浪费时间，小赵垂头丧气地说：“关员，你又不网开一面，那也就只能这样啦。”

“先生，这是我们的工作职责，希望您能理解，赶紧办手续去吧，但愿您还能赶上下午的航班。”

最后，小赵不得不按照关员小王的要求办理了相关手续。

小赵攻略

1. 批量的手表零件，无论多少，都不属于海关规定的行李物品范畴，不能从旅客出关通道带进或带出。

2. 如果确实因赶时间要带批量物品过关，又嫌麻烦不想报关的话，可以委托有经验的专门帮人托带物品的旅客带进或带出，虽然要花一定的费用，但总比自己携带被查到要好。

海关点评

1. **第一条小赵的总结基本正确**。

旅检渠道“客带货”主要指旅客或企业以手提或托运形式随身携带货物、货样、广告品进出关境。

（1）海关对物品和货物的区分。

自用合理数量既是海关验放进出境旅客行李物品的基本原则，也是区分货物、物品的重要标准。物品与货物的本质区别在于其是否具有贸易属性，物品具有非贸易（即合理自用）的属性。

（2）海关对于“客带货”的认定标准。

按海关规定，旅客携带超过自用合理数量的物品应视作货物，需要完成相关货物通关手续后方能携带进出境。但实际情况是，部分物品虽然超量，但仍具有非贸属性，若按货物要求其办理通关手续，当事人无法提供相关报关所需材料，无法进行货物报关。

（3）对于低值货物、货样及广告品，若现场根据其提供发票与其他证明文件在核物后发现其未到50元人民币的起征点，可按照物品进行办理。

（4）其他具有明显货物属性，数量相对较大、价值相对较高的应当按照货物进行认定，需按相应的货物办理正常通关手续。

2. **第二条小赵的总结是错误的**。

（1）手表零件即使是小批量的也不属于旅客旅途自用物品范围，因此海关不接受该类物品以个人物品形式进行申报或通关，必须依照货物样品手续报关。

（2）根据海关规定，旅客通关时携带了货样等物品应如实向海关申报，并按规定办理货物进出境手续，更不能在明知规定的情况下为了省时和省力委托他人代为通关，否则将承担相应的法律后果。

情景二　境外记者携带摄影器材入境——暂时进出物品

小赵是广东省广州市一省级报社的记者，由于长年在外出差采访，结识了不少的同行朋友。林小凡是小赵在一次境外采访时无意中结识的我国台湾记者。由于是同行，共同语言多，性格相投，很快他们就成了无话不谈的好朋友，经常互通有无，交流采访心得。

值全国人民代表大会即将在北京召开之际，一天，小赵接到林小凡从澳门打来的电话，告知其被报社派到北京对会议进行采访报道。林小凡告诉小赵，他一天前从台湾乘坐飞机到澳门，不慎把相关的采访证明文件遗失了，虽然在澳门报了案，但还是没能找回来，希望小赵通过在内地的关系协助其把摄影器材带进内地，回头再补办相关资料。

想到可以见到许久没见的好朋友，正好自己也被工作的报社派到北京采访全国人民代表大会，小赵心里别提有多高兴了。于是，小赵火速赶往珠海，抱着试一试的心态，打算通过珠海这边报社的朋友打通关系，协助林小凡把摄影器材带进来。

听到小赵爽快地答应，林小凡的心稍微安定了些，心想小赵见多识广，交友众多，一定可以帮忙办妥这事，要不让自己的报社知道那可就麻烦了，丢失证明文件那可就没法到大陆去采访，这还算事小，以后可能连到大陆采访的机会都没了。

不过，林小凡的心里仍有些忐忑。按以往的惯例，这些器材过关是要申报的，而且海关检查起来还特别严格，到底小赵能不能办成这事呢，林小凡还是有些没底。

一直没有接到小赵的消息，林小凡估计这事可难办了，思来想去，突然灵机一动，与其这样等候，不如索性冒险一次，反正关员对专业采访器材没有自己了解，过关时就跟关员说是自己的行李办申报好了，说不准还能过呢。想到这，他还为自己的小聪明暗自窃喜。

于是，林小凡拖着满满两大箱子包括专业镜头、闪光灯、摄像机及镜头、电视监视器、充电器和电池等在内的采访器材过关了。

由于出外采访经常过海关，林小凡也大致了解海关的一些规定。快到海关申报台时，他的脚步慢了下来，思想还在斗争着，到底该不该向关员说实情呢？如果过不了可怎么办呢？后来一想，反正都这样了，小赵这么久不来电话，肯定没给办成，还是赌一把吧。

到了海关通道，林小凡很快找到了海关申报台，主动向申报台旁的海关关员小方要求申报。

放下行李后，林小凡对关员小方说："长官，我想申报些个人物品，请你给我一张申报单好吗？"

"先生您好，请出示您的证件，请问您需要申报什么物品呢？"关员问道。

为避免麻烦，林小凡撒了个谎："好的好的，我这箱子里的东西都是我打算来内地旅游的一些个人摄影器材，旅游回去我是要带回去的，按规定可以申报吧？"

关员小方微笑着说："先生，请问您会填申报单吗？如果有什么不清楚的我可以告诉您。"

"长官，我以前申报过，填单应该没问题，谢谢你了。"填写好申报单后，林小凡把申报单递给关员小方，"长官，麻烦你给看看。"

"好的，林先生，请您把箱子打开让我检查一下。"

望着略显迟疑的林小凡，关员小方问道："先生，您是不是有什么物品遗漏了没有填写清楚呢？"

"长官，都填写清楚了，你给核对下吧。"林小凡赶忙答道。

关员小方很认真地一一检查核对，检查完后对林小凡说："先生，请问您来内地是工作还是旅游呢？您的这些摄影器材应该是专业的吧？"

林小凡继续撒谎："长官，我真是来内地旅游的，只是我个人喜欢玩摄影，所以带的器材相对高档些。"

"先生，不对吧？我看您这些器材可不是个人自用，倒像是采访的器材。按照海关的规定，这种类型的采访器材要申报的话需要提供相关的证明文件，请问您有带证明文件吗？"

见再也无法自圆其说，林小凡只得把实情全盘托出，并随即把自己的记者证递上："长官，真对不起，我其实是一名台湾的报社记者，被报社派到北京准备采访全国人民代表大会的。本来已经办好了相关的证明文件，只是昨天在澳门下飞机时不小心把证明文件弄丢了，报案一天了也没找回来，只好撒了个小小的谎，真不好意思。"

"先生，这就是您的不对了，您这可是带有欺骗性质的，您可是记者，更加不应该欺骗海关的。"关员说道。

林小凡低声说："很抱歉，给你添麻烦了，我以为朋友帮我打了招呼，可以办理申报手续的。"

"先生，对境外记者带进的采访器材海关都有规定的，您也不是第一次来大陆采访，如实申报是必须的，应该知道这种情形的后果。"

“不好意思，长官你看还有没其他办法可以让我先把器材带进来，然后再补办相关证明文件和手续?”

关员答道：“先生，还真没有其他办法，考虑到您是初犯，也非故意，我们把您所带的这些采访器材先存放在海关指定的仓库，等您提供了相关证明文件后再来办理吧。”

林小凡赔着笑脸道：“好好好，不好意思，那就先给我办理存放仓库的手续吧，回头等我补办齐了证明文件再来办。我还真的不是故意要欺骗你的，就是因为太急了，对不起了。”

“先生，客气的话就不用说太多了，希望下次不要再出现同类事情。”

“长官，我多问一句，这会有不良记录吗?”林小凡担心地问道。

“先生，这个记录肯定有，只要您以后不再犯同类情事，应该不会给您带来什么后果。”

“行行行，我知道了，谢谢你。”林小凡如释重负。

“不客气，赶紧去补办相关证明文件吧，要不您的采访可能就来不及了的，祝您一切顺利，再见。”

“好的好的，再见了长官，真心的感谢你。”出关后见到在关口久候的好朋友小赵，林小凡一直不停向小赵诉苦并略带埋怨道：“老友呀，我在入关前一直等你的电话，等了好长时间也没接到你的电话，我就猜到这事大概是没办妥，索性就冒险撒谎一次，这可是有不良记录的，你可得赔我哦。”

“我开始也以为只是小事，办成应该是没问题的嘛，真没想到规定还这么严格，不好意思啦，现在就请你好好去吃一顿，就当是赔罪吧。”小赵说。

“我以为关员对专业的采访器材不是太了解，可以蒙混过关的，没想到他们还真有两下子。”

看好友还是有些郁闷，小赵赶快说：“好了，不说这些了，你也快饿坏了吧，吃完饭再说吧。”

“只有这样啦，吃完饭我要抓紧给报社去电，让他们给补办齐相关证明文件，好赶得及去北京采访。”

小赵攻略

1. 记者携带了专业摄影器材在过关时是要办申报的，申报时要详细列清楚名称、规格和型号，要不出关时对不上可就麻烦了。

2. 专业摄影器材和普通摄影器材区别较大，虽然说非专业人士不是那么容易分辨，但也不要因此企图蒙混过关。

海关点评

1. **第一条小赵的总结基本正确**。

（1）小赵的记者朋友林小凡携带的摄影器材属于暂时进出境物品。所谓“暂时进出境物品”，是指海关凭担保准予暂时免税放行的物品，包括参加文化交流、体育赛事、演唱会等活动需要暂时进出境的物品。

（2）根据《关于台湾记者采访器材进出境海关手续》（海关总署公告 2009 年第 31 号）的规定，我国台湾记者携带摄影器材入境需凭中华全国新闻工作者协会或各省（自治区、直辖市）及深圳市、新疆生产建设兵团台办开具的器材通关批准书和担保函、采访器材清单办理暂时进境手续，不接受以个人物品形式进行的申报。

（3）所谓“担保”，指以向海关缴纳保证金或提交保证函的方式，保证在规定期限内履行其承诺的义务的法律行为。

（4）采访活动结束后，记者应在 6 个月内将采访器材复运出境，并办理担保函的结案手续。

（5）我国台湾记者因采访报道需要暂时进口无线电通信设备、卫星地面接收设备，海关凭国家或地方无线电管理机构、广电总局等部门开具的批准文件查验放行。

2. **第二条小赵的总结基本正确**。

如实申报是每个旅客的义务，如果不如实申报将承担相应的法律后果。

小贴士 记者采访器材的主要种类有：1. 照相机机身；2. 各种型号专业镜头；3. 闪光灯；4. 三脚架；5. 暗房用冲、印设备；6. 摄像机及镜头；7. 电视监视器；8. 录像机及录像带；9. 照明设备；10. 录音机；11. 充电器和电池；12. 各种连接线；13. 传真机及附件；14. 便携式打字机和电脑打字机；15. 对讲机（须经无线电管委会批准）。

非采访用专业摄影摄像器材可按暂时进出境物品办理手续。

第二章　特定人员通关

本章所指的“特定人员”包括留学回国人员、高层次人才、我驻外使领馆离任馆员、非居民长期旅客和常驻人员等。

留学归国人员如何申购免税汽车，资格条件、购车流程、注意事项分别是什么？高层次人才如何界定，他们在通关过程中享受哪些优惠政策？车改后，离任的驻外馆员带回自用车辆怎样办理海关手续，车辆的海关监管期限是多久？非居民长期旅客和常驻人员有何区别，其自用物品进出境的海关规定又有何不同？本章将分别就上述不同人群关心的热点问题及海关相关政策进行解读。

第一节　非居民长期旅客和常驻人员

情景一　安德鲁携夫人到中国工作——进境安家物品

周一清晨，小赵起了个大早，穿着熨得笔直的西装，精神百倍地来到公司，迎接他即将走马上任的新上司安德鲁先生。小赵大学毕业没几年，凭借着机灵的脑瓜和脚踏实地的辛勤工作在这个跨国企业站住了脚。前几天接到通知，他被任命担任销售部总经理助理，而新的中国地区销售部总经理则是从法国空降的安德鲁先生。

安德鲁先生到任后小赵很快协助他办理了劳动就业证，之后适逢中秋和“十一”假期，小赵没马上到公安部门为安德鲁办理长期居留证件。小赵本没把这件事情当回事儿，谁知却影响了后来安德鲁先生安家物品的进境。

假期刚过，在公安部门办理了居留许可的安德鲁先生在小赵的陪同下，马不停蹄地来到海关准备办理他安家物品的进境手续。

“您好，我的同事是法国人，在华长期工作，他想进境自用安家物品，请问如何办理海关手续？”小赵问道。安德鲁先生的中文不是很灵光，办理各种手续的事宜自然是小赵主要操持。

“你好，”关员小王礼貌地看着小赵和安德鲁先生，“请先出示一下这位先生的护照、就业证等个人证件。”

小赵赶忙把安德鲁先生的护照和就业证递给关员。

关员小王审核后对小赵说：“非常抱歉地告诉您，我们不能为您办理安家物品的免税审批手续。”

“为什么？”安德鲁先生和小赵异口同声。

关员小王打开安德鲁先生的护照，向他们出示贴有居留许可的内页说：“您看，公安部门给您签发的居留许可有效期是自 2012 年 10 月 20 日至 2013 年 9 月 30 日，不足一年。按照《中华人民共和国海关对非居民长期旅客进出境自用物品监管办法》的规定，‘非居民长期旅客’是指经公安部门批准进境并在境内连续居留一年以上（含一年），期满后仍回到境外定居地的外国公民、港澳台地区人员和华侨。非居民长期旅客首次申请进境自用物品，海关予以免税，20 种应税商品和自用车辆除外。安德鲁先生的居留许可时间不足一年，也就不属于非居民长期旅客，因此首次进境的自用物品不能享受免税。”

小赵一听顿时慌了神，他努力让自己镇定下来，思考着解决的办法。“赵，我从国外发出的安家物品已经运抵港口了，办不了手续提不出东西，可怎么办呀？”安德鲁先生心急如焚地问道，额头上已渗出了汗珠。

“您的夫人不是过几天也要到中国来工作吗？她的居留许可如果满一年是不是就可以以她的名义进境这些物品呢？”小赵突然灵机一动。

“对呀！快问问行不行？”安德鲁先生好像又看到了希望。

“您好，如果这位先生爱人的外国人长期居留许可满1年是不是可以进境安家物品呢？”小赵赶忙问道。

“嗯，可以的。你们是想以他爱人的名义进境他们的安家物品，是吧？”关员小王问。

“是的。”安德鲁先生喜上眉梢，抢在小赵前答道。

“那要注意提单上的收货人应当是您的爱人，然后请她本人持身份证件、长期居留证件、提（运）单、装箱单等相关单证及填写好的‘中华人民共和国海关进出境自用物品申请表’来办理申报手续。”关员小王提示说。

“好的，谢谢您。另外请问一下，您刚才提到有20种商品不能免税是吧？分别是什么呢？”小赵问。

“按规定应当征税的20种商品包括电视机、摄像机、录像机、放像机、音响设备、空调器、电冰箱（柜）、洗衣机、照相机、复印机、程控电话交换机、微型计算机、电话机、无线寻呼系统、传真机、电子计算器、打印机及文字处理机、家具、灯具和餐料。”关员小王熟练地答道。

小赵一边听一边将关员讲述的内容快速记在自己随身常备的记事本上，询问清楚后他与安德鲁先生再次礼貌地向关员道谢，随后说笑着离开了报关大厅。

5天后，受聘于一家国内的民营企业担任技术顾问的安德鲁先生的太太索菲亚女士来到中国。按照小赵记录的内容，安德鲁先生将原本提单上的收货人姓名由自己更改为索菲亚女士，继而由她办理了夫妇二人从法国运来的衣物、家用电器、家具、食品等安家物品的入境申报手续。

情景二　安德鲁先生要进车——常驻人员进境车辆

随着工作的稳步发展和对周围环境的逐步熟悉，酷爱游玩的安德鲁先生和太太觉得必须有辆车才方便他们利用假期四处旅游，品尝美食，享受生活。于是，两人决定把车运到中国使用，奉命咨询进车事宜的小赵再次来到海关报关大厅。

“您好！我有业务问题想咨询您一下。”小赵来到办理车辆进境审批手续的柜台问道。

“好的，请讲。”关员小杨微笑答道。

“是这样的，有位女士，是法国人，在中国工作，居留许可满 1 年，属于海关界定的‘非居民长期旅客’，她想把自己在国外用的车运到中国使用可以吗？”由于以索菲亚女士的名义运进了他们夫妇的安家物品，小赵习惯性地想以索菲亚女士的名义进车。

“这位女士在什么性质的企业工作呢？”关员小杨问。

“是一家国内的民营企业。”

“十分抱歉，首先，这位女士的身份不能申请进境机动车辆；其次，即使可以进境机动车辆的常驻人员也是不能进旧车的，只允许进新车。”小杨答道。

“常驻人员？什么人属于常驻人员呢？”

“常驻人员指非居民长期旅客中在境外企业、新闻机构、经贸机构、文化团体及其他境外法人经中华人民共和国政府主管部门批准，在境内设立的并在海关备案的常设机构内的工作人员；或在海关注册登记的外商投资企业内的人员，以及入境长期工作的专家。而您刚才所说的这位女士不属于上述范畴，因而只是一般的非居民长期旅客，因此不能申请进境机动车辆。”

“哦，”小赵点头，“常驻人员，常驻人员，对了，索菲亚女士不属于常驻人员，可安德鲁先生不是才延期了居留许可吗？他在外商投资企业工作，属于常驻人员呀！我赶紧回去问问安德鲁先生，看他们愿不愿进新车。”匆忙道谢后小赵三步并作两步准备离开，可刚走到门口他又转念一想，如果安德鲁先生决定进新车，那我还得再来问怎样办理手续，干脆现在就问好，省的麻烦。于是，小赵又掉头回到申报柜台，对关员说：“我想先把外籍常驻人员进车的手续问清楚，可以吗？”

关员小杨微笑答道：“当然可以。外籍常驻人员所在工作单位性质不同，需要提供的相关材料会有所不同，请问要进车的这位外籍常驻人员是在什么性质的单位就职？”

“在一家外资企业。”小赵说。

“是这样的，”小杨说，“常驻人员申请进车时，除交验本人身份证件，长期居留证件外，还要出示所在单位的相关证件，如果在驻华代表机构工作要提供所在常驻机构的常驻机构备案证，而如果在外商投资企业工作则要提供该企业的进出口货物收发货人报关注册登记证书。”

“哦，明白了。身份证件就是指护照和就业证是吧？”

“对。除此之外，还要提交车辆的发票、提（运）单、装箱单等相关单证。本人填写进出境自用物品申请表。主管海关受理通过后，制作关封并将相关电子申报信息发送至车辆进境地海关，然后就可以到进境地海关办理车辆征税和通关手续了。”

小赵认真地将关员的话记在小笔记本上，口中还连连说：“好的，好的……”

“还有一件事情要提醒您，请务必在车辆到港后再来海关提交申请，因为常驻人员办理进境机动车辆的申请手续时，除提交相关书面材料外，还需要进行电子数据的录入，将电子数据信息发送至主管海关后，我们才能进行审批操作。而只有在车到港之后港口录入的数据与您来申报时录入的数据完全一致的情况下，才能发送到海关的作业系统。”

“发送什么电子数据信息啊?”小赵问。

“根据规定，外籍常驻人员办理自用车辆进境申请手续，纳入计算机系统管理，申请时除提交相关书面材料外，还需要进行电子数据的录入，并将电子数据信息发送至主管海关。”关员小杨耐心解答。

“嗷啦!”小赵重重地写下最后一笔，合上小本，对关员小杨说：“非常感谢！等下次来申报的时候还要再麻烦您呀!”

“不客气，再见!”

“再见!”说完，小赵快步走出了报关大厅。

安德鲁先生和太太得知海关的规定之后，还是决定在国外买辆新车运到中国使用。三个多月之后，他们的车到达指运港，小赵陪着安德鲁先生来到海关申报，关员熟练地为他办理着车辆的进境审批手续。

“上牌照之前是不是还要来您这儿领取一个上牌照用的通知书?”小赵问关员。

“对，叫‘中华人民共和国海关监管车辆进/出境领/销牌照通知书’，凭通知书再到公安机关交通管理部门办理上牌照等手续。”关员回答。

“明白了。”小赵说。

安德鲁先生拿到批件后和小赵一起到港口提车，口岸海关凭批件快速办理了车辆的征税放行等手续。

两人开着车回到主管海关申领“中华人民共和国海关监管车辆进/出境领/销牌照通知书”。拿到装有通知书的海关关封后，小赵对安德鲁先生说：“我们总算办完海关手续啦!”

“还没有呢，您的车还在海关监管期内，监管期限为自海关放行之日起1年。在此期间，您不能擅自转让、出售车辆或者进行其他处置。”关员听到后纠正道。

"这样啊？那监管期满我的车是自动解除监管吗？"他又赶忙问道。

"不是的，您要拿着身份证件、长期居留证件、所在企业的进出口货物收发货人报关注册登记证书、进境机动车辆的机动车行驶证、机动车登记证，填写'中华人民共和国海关监管车辆解除监管申请表'。海关审核无误后，为您开具'中华人民共和国海关监管车辆解除监管证明书'，您再凭此向公安交通管理部门办理有关手续。"

"好的，我知道了，谢谢您啊！"小赵再次表示感谢。

帮助安德鲁先生和太太办理好安家物品和自用车辆的进境海关手续后，小赵整理出了一个通关攻略，收录在自己多年积累的"总结库"里。

小赵攻略

1. 下次如果有外籍同事要进境安家物品一定要及时办理居留许可，因为海关规定居留许可在 1 年以上才能免税进境安家物品。但是，国家规定的 20 种商品不能免税，包括电视机、摄像机、录像机、放像机、音响设备、空调器、电冰箱（柜）、洗衣机、照相机、复印机、程控电话交换机、微型计算机、电话机、无线寻呼系统、传真机、电子计算器、打印机及文字处理机、家具、灯具和餐料。

2. 进境个人物品时，需要向海关提交个人身份证件（即护照和就业证）、长期居留证件、提（运）单、装箱单等相关单证，还要填写"中华人民共和国海关进出境自用物品申请表"。

3. 不是有 1 年以上的居留许可就可以进车，必须是常驻人员才能进车。

4. 即使是常驻人员也只能申请进境新车。

5. 车辆到港后才能向海关提交申请，办理审批手续。

6. 进车需要提交的材料有：本人的有效身份证件、长期居留证件，所在企业的进出口货物收发货人报关注册登记证书，以及车辆的发票、提（运）单、装箱单等相关单证。

7. 拿到海关的批件后方可到车辆到港的口岸提车，办完查验、征税等手续后，还要开着车回到审批进车的海关开具领牌照通知书，之后才能验车、上牌子。

8. 进境车辆的监管期为 1 年，其间不能擅自买卖。

9. 满 1 年监管期后，需要回到审批进车的海关办理车辆的解除监管手续，此时需要提交的材料有：身份证件、长期居留证件，所在企业的进出口货物收发货人报关注册登记证书，车辆的机动车辆行驶证和机动车辆登记证，填写“中华人民共和国海关监管车辆解除监管申请表”。海关审核无误后，会开出解除监管证明书，拿着证明书到车管所办理相关手续。

海关点评

1. **第一条小赵的总结不完全正确**。

首先明确两个概念，“非居民旅客”和“非居民长期旅客”。所谓的“非居民旅客”是指进境居留后仍回到境外其通常定居地者，既包括外籍人员，也包括港澳台地区人员和华侨。而他们之中经中国政府主管部门批准进境连续居留 1 年以上（含 1 年）的，被称作“非居民长期旅客”，海关对非居民长期旅客进出境行李物品的管理依据是《中华人民共和国海关对非居民长期旅客进出境自用物品监管办法》（以下简称《非居民监管办法》）。

非居民长期旅客进境自用物品应注意以下 4 点：

（1）非居民长期旅客在取得境内长期居留证件后方可申请进境自用物品。

（2）进境的自用物品必须是非居民长期旅客在境内居留期间日常

生活所必需的、“中华人民共和国海关旅客进出境行李物品分类表（表2-1）”所列物品（烟、酒除外），且应以个人自用合理数量为限。

表2-1　中华人民共和国海关旅客进出境行李物品分类表
（中华人民共和国海关总署1996年8月15日修订）

第一类物品	第二类物品	第三类物品
衣料、衣着、鞋、帽、工艺美术品和价值人民币1 000元以下（含1 000元）的其他生活用品	烟草制品 酒精饮料	价值人民币1 000元以上，5 000元以下（含5 000元）的生活用品

注：①本表所称进境物品价值以海关审定的完税价格为准，出境物品价值以国内法定商业发票所列价格为准；
②准许各类旅客携运本表所列物品进出境的具体征、免税限量由中华人民共和国海关总署另行规定；
③本表第一、二类列名物品不再按值归类，除另有规定者外，超出本表所列最高限值的物品不视为旅客行李物品。

（3）非居民长期旅客如果不属于常驻人员的，不准予进境自用机动车辆。

（4）非居民长期旅客首次申请进境的自用物品海关予以免税，但按照《非居民监管办法》准予进境的机动车辆和国家规定应当征税的20种商品除外。从第二次开始申请进境的自用物品，一律予以征税。对于应当征税的自用物品，海关按照有关规定征收税款。

小赵在攻略中说“居留许可在1年以上才能免税进境安家物品”是不准确的，从第二次开始申请进境的自用物品，一律予以征税。

小贴士　需特别提醒非居民长期旅客注意，由于公安进出境管理部门的办理外国人居留许可有5个工作日的时限及其他一些不确定原因，并非所有非居民旅客取得的“外国人居留许可”都是满1年的。如果居留时间的起止日期不足1年，这类旅客将不属于《非居民监管办法》中规定的非居民长期旅客。

2. **第二条小赵的总结不全面。**

不全面之处主要反映在“身份证件”一项上。非居民长期旅客不全是在中国就业的人员，其中也包括学生、探亲的人士、就业者家属等，而且即使都是就业人员，其就业单位性质不同，所提交的相关证件也有区别。具体来说，对学生而言，身份证件指进出境使用的护照或港澳居民来往内地通行证或台湾居民往来大陆通行证及学生证；对探亲人士及就业者家属而言，身份证件指进出境使用的护照或港澳居民来往内地通行证或台湾居民往来大陆通行证；对就业人员而言，如果其在外国（地区）驻中国代表机构工作，身份证件是指进出境使用的护照或港澳居民来往内地通行证或台湾居民往来大陆通行证、中华人民共和国外国人就业证及外国（地区）企业常驻代表机构工作证；如果其在外资企业工作，身份证件是指进出境使用的护照或港澳居民来往内地通行证或台湾居民往来大陆通行证及中华人民共和国外国人就业证；而如果他是入境长期工作的专家，身份证件则是指进出境使用的护照或港澳居民来往内地通行证或台湾居民往来大陆通行证及中华人民共和国外国专家证等。

申请时，常驻人员应提交本人的身份证件、公安部门签发的长期居留证件、提（运）单、装箱单等相关单证，填写“中华人民共和国海关进出境自用物品申请表”，向境内居住地主管海关提出申请。

3. **第三条小赵的总结正确。**

非居民长期旅客与常驻人员是不同的，所谓“常驻人员”，是指非居民长期旅客中的下列人员：

（1）境外企业、新闻机构、经贸机构、文化团体及其他境外法人经中华人民共和国政府主管部门批准，在境内设立的并在海关备案的常设机构内的工作人员；

（2）在海关注册登记的外商投资企业内的人员；

（3）入境长期工作的专家。

非居民长期旅客如果不属于常驻人员的，不准予进境自用机动车辆。

常驻人员进境的机动车辆，限定为摩托车、小轿车、越野车、9座及以下的小客车。

4. **第四条小赵的总结正确**。

根据《关于常驻机构和常驻人员进境机动车辆有关事宜》（海关总署公告2010年第32号）的规定，常驻人员如果不是政府间协议派遣专家或者高层次人才的，不允许进境旧机动车。海关对其进境旧机动车的申请不予受理。

5. **第五条小赵的总结正确**。

根据《关于启用有关计算机管理系统》（海关总署公告2010年第81号）的要求，常驻人员办理车辆进境手续，纳入计算机系统管理。申报时，除提交相关书面材料外，还需要进行电子数据的录入，并将电子数据信息发送至主管海关。录入的车辆运输舱单信息必须与车辆到港后口岸录入的信息一致，方可传输到主管海关的业务系统中进行接单、审批操作，因此，要求车辆到港后提出申请。

6. **第六条小赵的总结不全面**。

常驻人员申请进境自用车辆时，应当向居住地主管海关提出书面申请。除应提交本人的有效身份证件、长期居留证件外，还应交验其所在常驻机构的中华人民共和国海关常驻机构备案证或者所在外商投资企业的进出口货物收发货人报关注册登记证书，以及提（运）单、装箱单等相关单证。

之所以说小赵总结得不全面是因为他只考虑到了常驻人员所在外商投资企业的进出口货物收发货人报关注册登记证书，而如果常驻人员在外国（地区）法人驻中国代表机构工作，则应交验其所在常驻机构的中华人民共和国海关常驻机构备案证。

7. **第七条小赵的总结正确**。

常驻人员经主管海关审批，准予征税进境的机动车辆，应当自进境地海关放行之日起10个工作日内，向主管海关申领“中华人民共和国海关监管车辆进/出境领/销牌照通知书”（图2－1），办理机动车辆牌照申领手续。

中华人民共和国海关　　（ ）__关____号

监管车辆 进/出 境 领/销 牌照通知书

单位名称______　　牌名、型号______

所有人______　　发动机号______

职务______　　车架号码______

以下由车管所批注

海关编号______　　海关签章　　牌照号码______

批准日期______　　牌照日期______

关员印章______　　车管所印章______

一式三联　　第一联　　车管部门留存

图2－1　中华人民共和国海关监管车辆进/出境领/销牌照通知书

小贴士　常驻人员征税进境的机动车辆，有丢失、被盗、转让或出售给他人、超出监管期限等情形的，常驻人员不得重新申请进境机动车辆。

常驻人员征税进境的机动车辆因事故、不可抗力等原因遭受严重损毁或因损耗、超过使用年限等原因丧失使用价值，经报废处理后，常驻人员凭公安交通管理部门出具的机动车辆注销证明，经主管海关同意办理机动车辆结案手续后，可重新申请进境机动车辆1辆。

8. **第八条小赵的总结基本正确**。

常驻人员依据《非居民监管办法》和相关规定征税进境的机动车辆自向公安交通管理部门办结车辆登记手续之日起1年后，方可准予转让过户。

未经海关批准，进境机动车辆在海关监管期限内不得擅自转让、出售、出租、抵押、质押或者进行其他处置。

9. **第九条小赵的总结不全面**。

不全面之处和第六条相同。

常驻人员机动车辆监管期届满时，应当向主管海关提出书面申请，并交验下列单证：

（1）身份证件；

（2）长期居留证件；

（3）进境机动车辆的机动车辆行驶证和机动车辆登记证；

（4）所在常驻机构的中华人民共和国海关常驻机构备案证或者所在外商投资企业的进出口货物收发货人报关注册登记证书；

（5）填写“中华人民共和国海关监管车辆解除监管申请表”（图2－2）。

主管海关审核无误后，开具“中华人民共和国海关监管车辆解除监管证明书”（图2－3），常驻人员凭此向公安交通管理部门办理有关车辆转让过户手续。

中华人民共和国海关
CUSTOMS OF THE PEOPLE'S REPUBLIC OF CHINA
公/自用车辆解除监管申请表
APPLICATION FORM FOR LIFTING CUSTOMS CONTROL
OVER OFFICIAL/PERSONAL VEHICLES

申请日期 Application date______　　海关注册号码 Serial No. ______

车辆牌照 Vehicle license plate	厂牌型号 Brand and model	发动机号 Engine No.	车架号码 Chassis No.

申请方
Applicant

签字或印章
Signature or seal

海关批注 Customs remark	经办关员 Customs officer 批准日期 Approval date 海关印章 Customs seal

图 2－2　中华人民共和国海关监管车辆解除监管申请表

中华人民共和国海关
监管车辆解除监管证明书存根
海关编号：（　　）__关_____号　　**********

车辆牌名		发动机号	
车辆型号		车架号	
车身颜色		行驶证号码	
进口日期		进口批件号	

海关签章：　　　　经办人：　　　　年　月　日

骑缝章处

中华人民共和国海关
监管车辆解除监管证明书
海关编号：（　　）__关_____号

根据海关现行规定，______________经我关批准进境的机动车辆已满海关监管期限，现准予解除监管，特此证明。

车辆牌名		发动机号	
车辆型号		车架号	
车身颜色		行驶证号码	
进口日期		进口批件号	

经办关员签章：______________海关印章：______________

年　月　日

图2－3　中华人民共和国海关监管车辆解除监管证明书

小贴士 常驻人员如果进境了机动车辆，其所有人应该在离任回国（或出境）前，到主管海关申请办理签发机动车辆的解除监管证明书，办结海关手续，以免因车辆所有人的离任，缺少相关单证，使得车辆无法进行后续过户和检验手续。

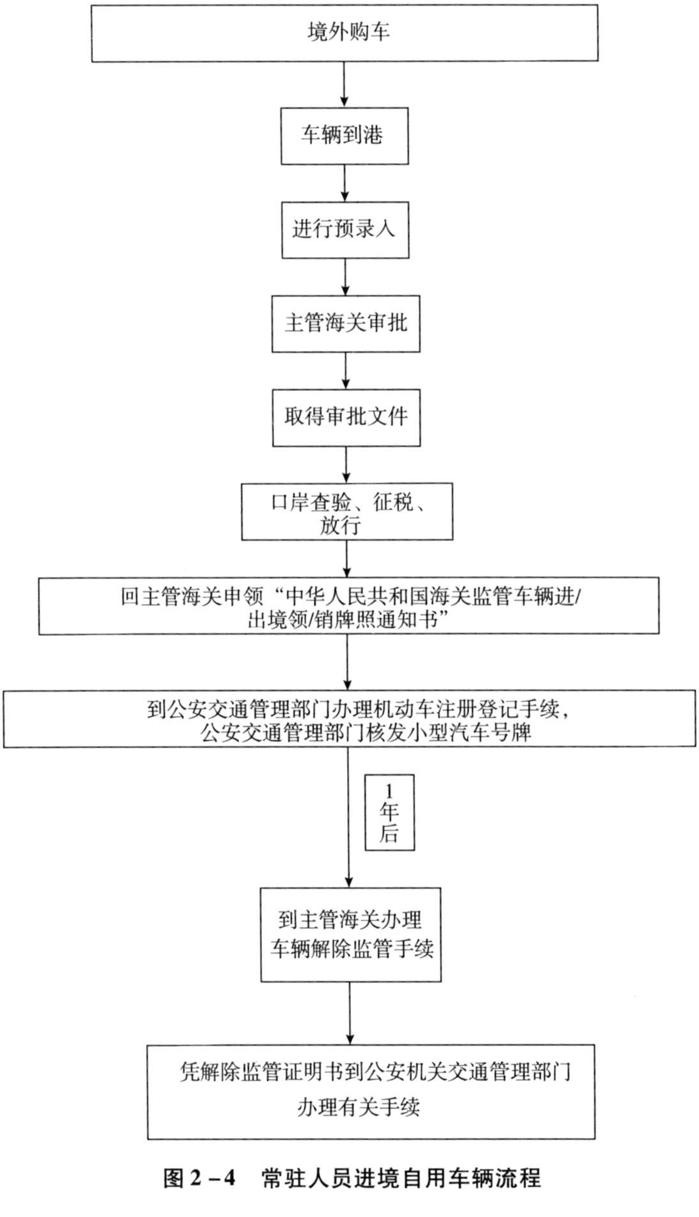

图 2－4　常驻人员进境自用车辆流程

第二节　高层次人才

情景一　李教授归国科研设备带回家——高层次回国人才进境科研仪器设备

初秋九月，金风送爽，受邀归国的李博士作为国家引进的重点人才担任清华大学生物系特聘教授。李博士自1997年出国深造，至今已有15个年头。他在英国剑桥大学取得博士学位，后赴美国斯坦福大学做博士后研究，并获得美国哈佛大学教授职位。此次李教授抱着拳拳赤子之心回国效力，希望在自己苦心钻研多年的领域中为祖国作出贡献。

回国后，李教授通过中国驻美国大使馆和清华大学的推荐，很快获得人力资源与社会保障部的高层次人才身份认定。取得高层次人才身份证明后，李教授便即刻着手办理自用物品及科研、教学物品入境的海关手续。

小贴士　“高层次人才”是高层次留学人才和海外科技专家的统称。其中“高层次留学人才”是指我国公派或自费出国留学，学成后在海外从事科研、教学、工程技术、金融、管理等工作并取得显著成绩，为国内所急需的高级管理人才、高级专业技术人才、学术技术带头人，以及拥有较好产业化开发前景的专利、发明或专有技术的人才。高层次人才身份需要由国家人力资源与社会保障部、教育部认定，而一般应聘专家则不用。

高层次人才身份具体认定部门分别为人力资源和社会保障部专业技术人员管理司、教育部国际交流合作司及各省、自治区和直辖市人民政府人事、教育主管部门。

清华大学为了帮助李教授尽快将自己的生活用品及开展教学、研究用的仪器、设备、课件等运回国内，特意安排人事部的小赵协助李教授处理海关的申报、通关事宜。小赵“领命”后便马上开始查询海关关于高层次人才进出境物品的管理规定，“办理申报手续时需要提交什么材料？李教授的科研设备如何进境？海关对李教授进境自用物品及通关方面有什么优惠政策？”小赵脑海中浮现出一系列的问题。虽然小赵很快就在海关的网站上找到了《中华人民共和国海关对高层次留学人才回国和海外科技专家来华工作进出境物品管理办法》，但他仍有一些疑惑的地方，并且发现了一个问题，于是决定亲自跑一趟海关咨询清楚。

来到报关大厅，小赵一眼就看见了办理高层次人才申报、审批手续的柜台，在向关员小张说明了李教授的基本情况后，小赵问：“我看海关规定回国定居或者来华工作连续 1 年以上的高层次人才进境自用物品时，应当向主管海关交验本人有效出入境身份证件、境内长期居留证件或者回国（来华）定居专家证、高层次人才身份证明和‘中华人民共和国海关进出境自用物品申请表’。现在李教授有护照、身份证明，申请表我也已经从海关的网站上下载打印好了，但这个境内长期居住证件是指什么呢？”

“如果李教授持外国护照，那么长期居住证件是指粘在护照页上的 1 年期以上的外国人居留许可，如果李教授持港澳通行证则是指临时住宿登记表，如果李教授持中国护照则是指居民身份证。以上这些都是由公安机关的相关部门签发的。”关员小张答道。

“哦，是这样，李教授现在持美国护照，但由于时间紧促，他的居留许可还没有办下来，可科研教学设备和他的生活用品已经运抵口岸，而且那些仪器设备是我们实验室搞研究急需的，您看有什么办法能解决这个问题?”

关员小张想了想，回答说：“根据海关规定，在这种情况下，海关可以凭人社部、教育部或者其授权部门出具的书面说明将物品先予放行，但李教授应当在6个月内补交长期居留证件或者回国（来华）定居专家证。”

“好的，那没有问题呀!”小赵高兴地说。继而他又疑惑地问：“还有一个问题，李教授所从事的研究项目属于我国目前急需攻克的高精尖项目之一，他这次从美国回国，费尽周折，想尽办法才说服了美国的出口管理部门，让他将在美国实验室的研究设备分三批运回国内。首批次准备进境的物品中，除了他在美国的自用生活物品外，还有一台小型试验仪器和少量教学设备。那这三批设备进境的海关手续是一样的吗?”

“这个问题是这样的，先说个人生活用品。对于高层次人才进境合理数量的自用物品，海关按规定予以免税验放的范围包括首次进境的个人生活、工作自用的家用摄像机、照相机、便携式收录机、便携式激光唱机和便携式计算机等；日常生活用品，如衣物、床上用品和厨房用品等；国家规定应当征税的20种商品外的其他自用物品。”

“20种商品包括哪些呢?”小赵连忙问。

“包括电视机、摄像机、录像机、放像机、音响设备、空调器、电冰箱（柜）、洗衣机、照相机、复印机、程控电话交换机、微型计算机、电话机、无线寻呼系统、传真机、电子计算器、打印机及文字处理机、家具、灯具和餐料。”关员小张继续说，“而且对李教授进境的个人物品，海关不限制次数，每次均按照规定办理征免税审批、验放手续；对其所携物品，情况正常的，均不予以开箱查验。至于李教授的科研设备，首次入境的可以按规定办理审批手续并免税验放，而第二批和第三批准备运进的实验设备则需要李教授的就职单位，即清华大学办理相关减免税手续。”

“哦，那我就明白了，太感谢您了。那我马上回去准备李教授办理海关手续需要的材料。”

由于海关在审批通关环节为高层次人才开设了“绿色通道”，安排专人、开辟专窗、优先办理、快速审批、便捷通关，李教授在小赵的陪同下很快办妥了自用生活物品和第一批少量、小型科研仪器设备、实验材料及教学用品的海关手续。

情景二　李教授回国带车——高层次人才进境车辆

一个月后，李教授想把在美国使用的奔驰轿车运回国内，请小赵帮忙问问海关在这方面有什么规定，于是小赵拨通了海关的电话。

“您好，我是清华大学的小赵。有些问题想咨询一下。”

“你好，”接电话的正是参与为李教授办理物品入境手续的关员小张，“李教授的生活工作都还顺利吧？”

“是张老师呀！李教授现在一切都好，谢谢啊！只是又有问题要咨询您了。”

“请讲吧。”

“李教授想把自己在美国使用的轿车运回中国，可以吗？”

“没问题。依据规定，李教授作为高层次人才是可以从境外运进一辆自用机动车的。”

“要征税吗？”

“是的，需要征税，包括海关关税、消费税和增值税。”

“那怎样办理海关手续呢？”

“在申报环节，除了上次你为李教授申报个人物品和科研设备时提交的材料外，还需要车辆的提（运）单、发票、装箱单等相关单证。”

“哦，那我赶紧告诉李教授，让他先申报吧。”

“别着急，”关员说，“还有一个很关键的问题，申报时除提交书面材料外，还要进行电子数据的录入，等电子数据信息发送到海关业务系统后，我们才能进行审批操作，但在车辆没有到港的情况下，电子数据是无法发送到我们的系统的。录入的数据会自动和船到港后港口录入的数据进行比对，只有二者完全吻合才能传输到我们的系统。”

“所以必须要等车到港之后才能去您那儿申报，对吧？”

“没错。”

大约过了一个半月，李教授的车到达指运港，小赵陪着李教授来到海关申报，关员熟练地为他办理车辆的进境审批手续。

上牌照之前是不是还要来您这儿领取一个上牌照用的通知书？”小赵问关员。

“对，叫‘中华人民共和国海关监管车辆进/出境领/销牌照通知书’，凭通知书再到公安机关交通管理部门办理上牌照等手续。”关员回答。

“明白了。”小赵说。

李教授拿到批件后和小赵一起到港口提车，口岸海关凭批件快速办理了车辆的征税放行等手续。

二人开着车回到主管海关申领“中华人民共和国海关监管车辆进/出境领/销牌照通知书”。拿到装有通知书的海关关封后，小赵对李教授说：“我们这就算办完海关手续啦！”

“还没有呢，您的车属于海关监管车辆，监管期限为自海关放行之日起1年。在此期间，您不能擅自转让、出售车辆或者进行其他处置。”关员听到后纠正道。

“这样啊！”小赵下意识地说。

“那监管期满我的车是自动解除监管吗？”李教授问道。

“不是的，您要拿着身份证件、长期居留证件、进境机动车辆的机动车行驶证、机动车登记证，填写‘中华人民共和国海关监管车辆解除监管申请表’。海关审核无误后，为您开具中华人民共和国海关监管车辆解除监管证明书，您再凭此向公安交通管理部门办理有关手续。”

“好的，我知道了，谢谢你。”李教授微笑点头表示感谢。

“对了，”小赵突然想起，“我们学校最近可能还要聘用外籍专家，对他们进境物品、车辆的规定与像李教授这样的高层次人才一样吗？”

“是不一样的。”关员答道，“外国籍专家持外专局签发的外国专家证，如果专家证及他的境内居留许可有效期在 1 年以上，那么就属于常驻人员。常驻人员与高层次人才进出境自用物品所依据的法规是不同的。例如，高层次人才可以进境合理数量的科研、教学用品，而常驻人员只能进境生活自用物品；高层次人才可以进旧车，而常驻人员只能进新车，等等。具体您可以参见 2004 年海关总署令第 116 号，2010 年海关总署令第 194 号查询常驻人员的相关规定，参见 2006 年海关总署令第 154 号查询高层次人才的相关规定。”

“好嘞，那我回去查，有什么问题再请教您啊。”

“好的，没问题！”

小赵在帮助李教授办理完个人物品、教学、科研设备及自用车辆进境的海关手续后，制作了一个高层次人才办理海关手续攻略，部门领导看到后对小赵的工作热情和责任心赞赏有加。

小赵攻略

1. 高层次人才在进境自用物品时享受免税待遇。国家规定应当征税的 20 种商品除外。

2. 高层次人才可以免税进境少量、小型科研、教学物品。

3. 高层次人才在进境自用物品及科研、教学用品时，应当向主管海关提交的材料有：护照、境内长期居留证件或者回国（来华）定居专家证、高层次人才身份证明、“中华人民共和国海关进出境自用物品申请表”。如果长期居留证件或专家证还没办下来，海关可以凭人社部、教育部或其授权部门出具的书面说明将物品先予放行，并在半年内补交证件。

4. 高层次人才可以进境1辆机动车辆。

5. 需在车辆到港后提出申报。申报时需要提交本人身份证件、境内长期居留证件或者回国（来华）定居专家证，高层次人才身份证明，“中华人民共和国海关进出境自用物品申请表”，车辆的提（运）单、发票、装箱单等相关单证。

6. 提完车之后要回到主管海关领取上牌照通知书。

7. 车辆的海关监管期为1年，即1年以后还要到海关办理车辆的解除监管手续，需要带着身份证件、长期居留证件、进境机动车辆的机动车行驶证、机动车登记证，填写“中华人民共和国海关监管车辆解除监管申请表”。海关审核无误后，开具解除监管证明书。

海关点评

1. **第一条小赵的总结不准确**。

按照《中华人民共和国海关对高层次留学人才回国和海外科技专家来华工作进出境物品管理办法》（以下简称《管理办法》）的规定，高层次人才回国定居或者来华工作连续1年以上（含1年）的，进境下列范围内合理数量的自用物品，海关依据规定予以免税验放：

（1）首次进境的个人生活、工作自用的家用摄像机、照相机、便携式收录机、便携式激光唱机和便携式计算机等；

（2）日常生活用品，如衣物、床上用品和厨房用品等；

（3）其他自用物品（国家规定应当征税的20种商品除外）。

为充分体现国家对高层次人才回国（来华）工作的鼓励，《管理办法》对高层次人才进境物品通关手续进行了简化，并给予通关便利。其中高层次人才进境个人物品，海关不限制次数，每次均按照规定办理征免税审批、验放手续；对其所携物品，情况正常的，海关均不予以开箱查验。

2. **第二条小赵的总结不全面**。

第一，按照《管理办法》的有关规定，回国定居或者来华工作连续1年以上（含1年）的高层次人才进境的下列范围内合理数量的科研、教学物品，海关依据有关规定予以免税验放：

（1）科学研究、科学试验和教学用的少量和小型检测、分析、测量、检查、计量、观测、发生信号的仪器、仪表及其附件；

（2）为科学研究和教学提供必要条件的少量的小型试验设备；

（3）各种载体形式的图书、报刊、讲稿、计算机软件；

（4）标本、模型；

（5）教学用幻灯片；

（6）实验用材料。

第二，以下两种情况应分别按照科教用品减免税规定和暂时进境物品的规定办理有关手续：

（1）高层次人才回国（来华）后，因工作需要从境外运进少量消耗性的试剂、原料、配件等，应当由其所在单位按照中华人民共和国财政部、中华人民共和国海关总署、国家税务总局颁布的《科学研究和教学用品免征进口税收规定》办理有关手续。

（2）高层次人才因工作需要，从境外临时运进少量非消耗性科研、教学用品的，可以由其所在单位向海关出具保函，海关按照暂时进境物品办理有关手续，并监管其按期复运出境。

3. **第三条小赵的总结正确**。

第一，回国定居或者来华工作连续 1 年以上的高层次人才进境自用物品和科研教学用品时，应当向主管海关交验下列单证，办理有关手续：

（1）本人有效入出境身份证件；

（2）境内长期居留证件或者回国（来华）定居专家证；

（3）高层次人才身份证明（见图 2 – 5）；

（4）“中华人民共和国海关进出境自用物品申请表”。

经主管海关审核批准后，进境地海关凭主管海关的审批单证和其他相关单证对上述物品予以验放。

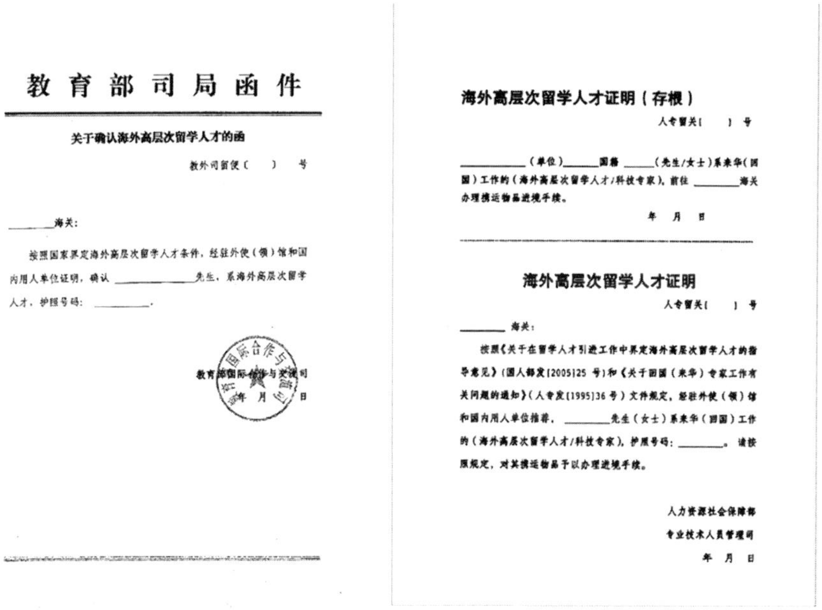

教育部司局函件

关于确认海外高层次留学人才的函

教外司留便（　　）号

＿＿＿＿海关：

按照国家界定海外高层次留学人才条件，经驻外使（领）馆和国内用人单位证明，确认＿＿＿＿＿＿先生，系海外高层次留学人才，护照号码：＿＿＿＿。

教育部国际合作与交流司

年　月　日

海外高层次留学人才证明（存根）

人专留关（　　）号

＿＿＿＿＿（单位）＿＿＿＿国籍＿＿＿（先生/女士）系来华（回国）工作的（海外高层次留学人才/科技专家），前往＿＿＿＿海关办理携运物品进境手续。

年　月　日

海外高层次留学人才证明

人专留关（　　）号

＿＿＿＿海关：

按照《关于在留学人才引进工作中界定海外高层次留学人才的指导意见》（国人部发〔2005〕25 号）和《关于回国（来华）专家工作有关问题的通知》（人专发〔1995〕36 号）文件规定，经驻外使（领）馆和国内用人单位推荐，＿＿＿＿先生（女士）系来华（回国）工作的（海外高层次留学人才/科技专家），护照号码：＿＿＿＿。请按照规定，对其携运物品予以办理进境手续。

人力资源社会保障部

专业技术人员管理司

年　月　日

图 2 – 5　高层次人才身份证明

小贴士 为充分体现国家对高层次人才回国（来华）工作的鼓励，《管理办法》对其进境物品的通关手续进行了简化，并给予极大的便利。对在节假日或者非正常工作时间内以分离运输、邮递或者快递方式进出境的物品，有特殊情况需要及时验放的，海关可以预约加班，在约定的时间内为其办理物品通关手续。

第二，根据规定尚未取得境内长期居留证件或者回国（来华）定居专家证的高层次人才，对其已经运抵口岸的自用物品，海关可以凭人社部、教育部或者其授权部门出具的书面说明文件先予放行，但有关海关手续应当在物品进境之日起6个月内补办。

4. **第四条小赵的总结基本正确**。

根据规定，高层次人才可以申请从境外运进自用机动车辆1辆（限小轿车、越野车、9座及以下小客车），海关依据有关规定予以征税放行。此外，高层次人才进境的自用车辆没有要求必须是新车，其在境外使用过的车辆也可以申请。

5. **第五条小赵的总结正确**。

第一，根据《关于启用有关计算机管理系统》（海关总署公告2010年第81号）的要求，高层次人才办理车辆进境手续，纳入计算机系统管理。申报时，除提交相关书面材料外，还需要进行电子数据的录入，并将电子数据信息发送至主管海关。录入的车辆运输舱单信息必须与车辆到港后口岸录入的信息一致，此后信息方可传输到主管海关的业务系统中进行接单、审批操作。因此，须车辆到港后方可提出申请。

第二，高层次人才办理自用机动车辆申请时，应向海关提交以下单证：

（1）本人身份证件；

（2）境内长期居留证件或者回国（来华）定居专家证；

（3）高层次人才身份证明；

（4）“中华人民共和国进出境自用物品申请表”；

（5）提（运）单、发票、装箱单等相关单证。

6. **第六条小赵的总结正确**。

高层次人才经主管海关审批，准予征税进境的机动车辆，应当自进境地海关放行之日起 10 个工作日内，向主管海关申领领/销牌照通知书，办理机动车辆牌照申领手续。

小贴士　尽管高层次人才可以带进旧机动车辆，但我国很多城市对汽车的排放都有严格的要求，因此您回国前应该提前咨询国家环保部门，了解自己车辆进境后，能否符合国家有关汽车尾气排放标准，以免因无法通过环保检测上不了牌照，而造成经济上的损失。

7. **第七条小赵的总结基本正确**。

高层次人才进境的机动车辆属于海关监管车辆，应依法接受海关监管。未经海关许可不得转让、出售或者进行其他处置。

监管期限为自向公安交通管理部门办结车辆登记手续之日起 1 年。申请解除监管时，应当向主管海关提出书面申请，并交验下列单证：

（1）身份证件；

（2）长期居留证件；

（3）进境机动车辆的机动车行驶证、机动车登记证；

（4）“中华人民共和国海关监管车辆解除监管申请表”。

主管海关审核无误后，开具“中华人民共和国海关监管车辆解除监管证明书”，高层次人才凭此向公安交通管理部门办理相关手续。

高层次人才进境的机动车辆，有丢失、被盗、转让或出售给他人、超出监管期限等情形的，不得重新申请进境机动车辆。因事故、不可抗力等原因遭受严重损毁或因损耗、超过使用年限等原因丧失使用价值，经报废处理后，高层次人才凭公安交通管理部门出具的机动车辆注销证明，经主管海关同意办理机动车辆结案手续后，可重新申请 1 辆进境机动车辆。

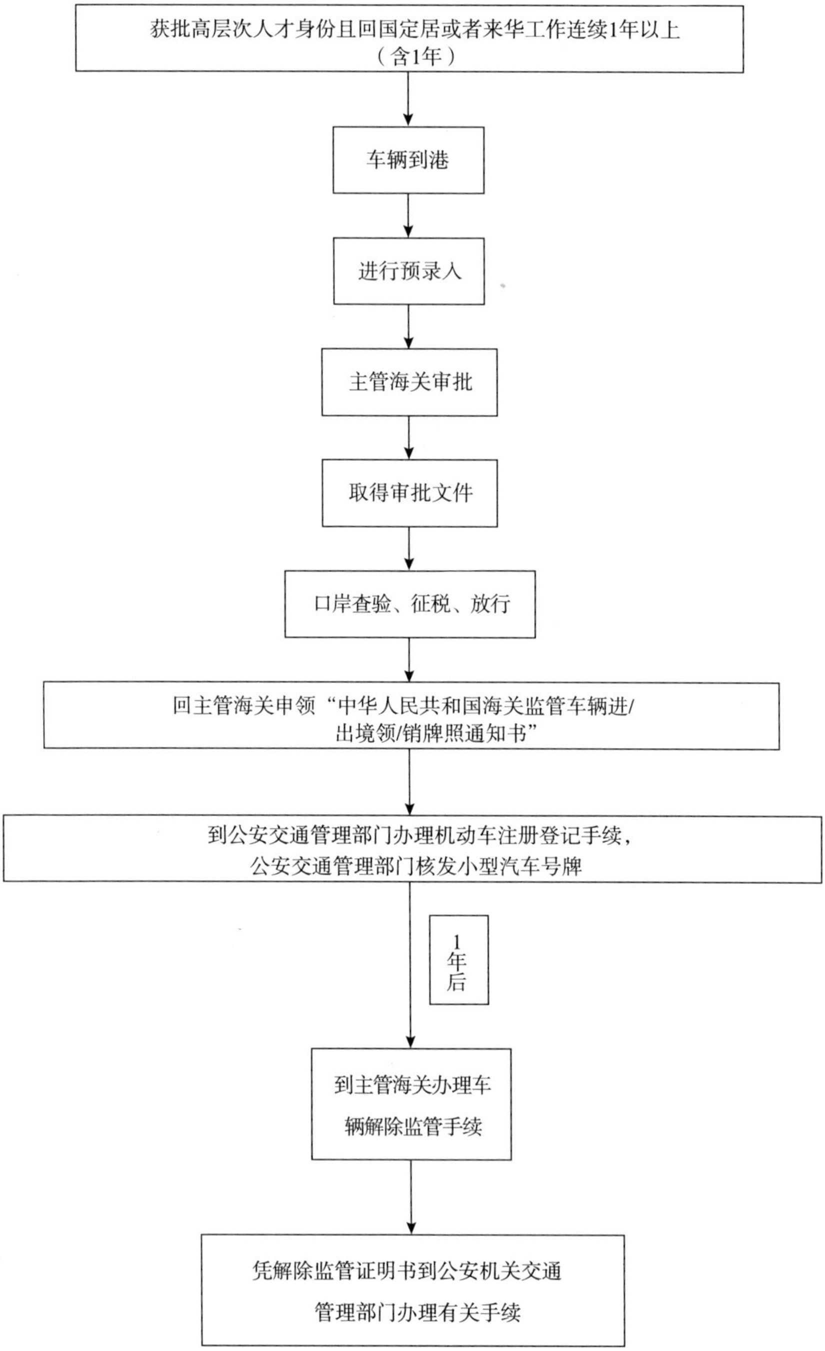

图 2－6　高层次人才进境自用车辆流程

表 2－2　常驻人员与高层次人才进境物品及车辆对比表

	常驻人员	高层次人才
身份定义	“非居民长期旅客”是指经公安部门批准进境并在境内连续居留 1 年以上（含 1 年），期满后仍回到境外定居地的外国公民、港澳台地区人员和华侨。 常驻人员指“非居民长期旅客”中的下列人员： 1. 境外企业、新闻机构、经贸机构、文化团体及其他境外法人经中华人民共和国政府主管部门批准，在境内设立的并在海关备案的常设机构内的工作人员； 2. 在海关注册登记的外商投资企业内的人员； 3. 入境长期工作的专家。	“高层次人才”是高层次留学人才和海外科技专家的统称。其中“高层次留学人才”是指我国公派或自费出国留学，学成后在海外从事科研、教学、工程技术、金融、管理等工作并取得显著成绩，为国内所急需的高级管理人才、高级专业技术人才、学术技术带头人，以及拥有较好产业化开发前景的专利、发明或专有技术的人才。高层次人才身份需要由国家人社部、教育部认定，而一般应聘专家则不用。高层次人才不仅限外国籍，也包括中国籍人员。
进境物品范围	只允许进境生活自用物品，应当是居留期间日常生活所必需的，“中华人民共和国海关旅客进出境行李物品分类表”所列物品（烟、酒除外）。	除生活自用物品外可带进合理数量下列范围内的科研、教学物品：1. 科学研究、科学试验和教学用的少量和小型检测、分析、测量、检查、计量、观测、发生信号的仪器、仪表及其附件；2. 为科学研究和教学提供必要条件的少量的小型试验设备；3. 各种载体形式的图书、报刊、讲稿、计算机软件；4. 标本、模型；5. 教学用幻灯片；6. 实验用材料。

表2-2续

	常驻人员	高层次人才
首次入境自用物品规定	首次申请进境的自用物品海关予以免税，准予进境的机动车辆和国家规定应当征税的20种商品除外。	进境下列范围内合理数量的自用物品，海关依据规定予以免税验放： 1. 首次进境的个人生活、工作自用的家用摄像机、照相机、便携式收录机、便携式激光唱机和便携式计算机等；2. 日常生活用品，如衣物、床上用品和厨房用品等；3. 其他自用物品（国家规定应当征税的20种商品除外）。
再次入境自用物品规定	再次申请进境的自用物品一律予以征税。	不限次数，每次均按照规定办理征、免税审批验放手续。
申报进境自用物品需提交的材料	1. 长期居留证件；2. 本人的身份证件；3. 提（运）单、装箱单等相关单证；4. “中华人民共和国海关进出境自用物品申请表”。 “身份证件”是指中华人民共和国主管部门颁发的外国（地区）企业常驻代表机构工作证、中华人民共和国外国人就业证、中华人民共和国外国专家证等证件，以及进出境使用的护照、港澳居民来往内地通行证、台湾居民往来大陆通行证等。	1. 有效出入境身份证件；2. 境内长期居留证件或者回国（来华）定居专家证；3. 高层次人才身份证明；4. “中华人民共和国海关进出境自用物品申请表”。
进境车辆范围	可以申请征税进境机动车辆，每人限1辆，车型限定为摩托车、小轿车、越野车、9座及以下的小客车，旧车不准进境。	可以申请征税进境机动车辆，每人限1辆，车型限定为小轿车、越野车、9座及以下的小客车，可以进旧车。

表 2 - 2 续

	常驻人员	高层次人才
申报进境车辆需提交的材料	1. 有效身份证件；2. 长期居留证件；3. 所在常驻机构的中华人民共和国海关常驻机构备案证或者所在外商投资企业的进出口货物收发货人报关注册登记证书；4. 提（运）单、装箱单等相关单证；5. “中华人民共和国海关进出境自用物品申请表”。	1. 有效身份证件；2. 境内长期居留证件或者回国（来华）定居专家证；3. 高层次人才身份证明；4. 提（运）单、发票、装箱单等相关单证；5. “中华人民共和国海关进出境自用物品申请表”。
进境车辆监管时限	1 年	1 年
车辆解除监管需提交的材料	1. 有效身份证件；2. 长期居留证件；3. 进境机动车辆的机动车行驶证、机动车登记证；4. 所在常驻机构的中华人民共和国海关常驻机构备案证或者所在外商投资企业的进出口货物收发货人报关注册登记证书；5. “中华人民共和国海关监管车辆解除监管申请表”。	1. 有效身份证件；2. 境内长期居留证件或者回国（来华）定居专家证；3. 进境机动车辆的机动车行驶证、机动车登记证；4. “中华人民共和国海关监管车辆解除监管申请表”。

第三节　驻外使领馆人员

情景一　老王驻外回国带车——使领馆人员进境车辆

老王是位资深的外交官，从 20 世纪 80 年代开始，他经历了近 30 年的驻外生涯，足迹遍布几个大洲。奔波劳碌了小半辈子，圆满完成了最后一个任期工作的他即将光荣退休。

回国后，老王很快来到海关准备办理带回车辆的入境审批手续。申报时才知道驻外馆员办理车辆进境手续已纳入计算机系统管理，除提交书面材料外，还需要进行电子数据的录入，并将电子数据信息发送至主管海关。可信息录入后却迟迟无法发送到海关业务系统，老王不禁纳闷，海关关员也帮忙寻找原因。

“您的车到港了吗?”关员问道。

“还没有啊！这有关系吗?”

“那找到原因了。在车辆没有到港的情况下，电子数据是无法发送到我们的系统的。因为您录入的数据会自动和车到港后港口录入的数据进行比对，只有二者完全吻合，数据才会传输到我们的系统。”关员解释说。

“哦，我明白了，那我就等车到港后再来申报吧，谢谢了。”

“不客气。”

谁知这一等就是 5 个月。由于船务公司的失误，险些让老王因超出离任入境后半年内提出申请的申报期限而失去将车辆带回的资格。

得知车辆到港的当天中午，老王就在女儿的陪伴下急急赶往海关办理进车手续。

“爸，您放心吧，我经过多方考证，带着这些来准能搞定。”女儿小王拿着一个文件袋自信满满地说。

“嗯，闺女办事我放心。上次就没办成，这次为保险起见，我让你再帮我看看需要什么资料，心里更踏实点儿。再说你也刚被你们部里派出去驻外一年，说不定将来也有机会进车呢，就当积累点儿经验吧。”

“这次应该没问题了。我在海关网站上查了相关规定，更重要的是我还发现了个馆员带车攻略，挺细致的哦。”说着拿出个装订精致的小本递给老王，“再说了，这点小忙跟您帮我照顾豆豆比起来可是小巫见大巫了。”

“哎，我本来退休多少有点失落感，看看小外孙倒也乐呵，生活也挺充实。回头等车运回来，我还要常带着他出去玩呢!”老王边看攻略边回答。

“可别玩疯了那小子哟!”看到老王认真地看着小本上写的攻略，女儿继续说，“您看，按照上面写的，办手续需要用的护照、身份证、驻外使领馆人员身份证明、驻外使领馆人员离任回国证明书、运单、购车发票、装箱单、‘中华人民共和国海关进出境自用物品申请表’，咱们可是一应俱全啊！更重要的是，您在保加利亚买的这辆沃尔沃，发票是保加利亚语的，不是通用语种，而且购买时使用的是当地的货币列弗，我连发票翻译件、列弗与欧元的比价证明也都带着呢，够全的吧?”

“嗯，不错不错。”老王连连点头。”

不一会儿，父女俩就来到了报关大厅。只见一个小伙子正在办理驻外馆员自用车辆进境审批手续的柜台咨询问题。

只听排在前面的小伙子问道：“你好，我在驻澳大利亚使馆工作，刚刚离任回国，想运回一辆自用汽车，有些问题想咨询一下。”

“您请讲。”

“我这次驻澳大利亚 10 个月，是驻外的第二个任期。之前的一个任期是驻埃塞俄比亚两年，现在刚回国一个星期，是符合至少驻外两年，回国后半年内提出申请的要求的，是吧?”

“对。”关员答道。

“我想问，海关规定中的小轿车（含越野车）的含义如何理解。因为有的同事告诉我，7 座的车是不能带回去的。具体来说本田的奥德赛或者丰田的 Sienna，这两款车都是 7 座的，算是小轿车吗？丰田的一款 SUV 叫做 Highlander，在国内叫汉兰达，有 7 座的版本，就是第三排座是可以折叠收起的，这个车算是小轿车吗？因为要买车，所以想事先知道这些车型能不能带回来，好决定买什么车。”

“您已经回国了，还没有买车吗?”

“对，我这次是奉命提前回国，因为时间比较紧张，没来得及将之前在澳大利亚开的右舵车处理掉。于是就委托使馆同事帮助处理，左舵车也准备请同事帮忙订购。”

“很抱歉地告诉您，您这种情况是不能运进车辆的。”

“啊？为什么？”小伙子着急地问。

“因为根据海关规定，馆员离任运进的自用车辆必须在其任内购买。对于您说的小轿车含义的问题，是这样的，7 座本田奥德赛、丰田 Sienna 为小型普通客车，不属于小轿车范围；7 座四驱汉兰达可定义为越野车，可以进境。”

“是这样啊！”小伙子脸上挂着一丝遗憾，“不过，要是没问直接买了车，又运不进来那麻烦就更大了。我还以为右舵车国家可以进新车呢。”

“右舵车国家是可以进新车，不像左舵车国家受在外使用 1 年的限制，但即便是新车也必须是在任内购买的。”

“明白了，谢谢你啊！我可得提醒同事们在离任前做好车辆的处置和更换工作，免得像我一样享受不到好政策了。”

听罢，老王暗自思忖：“还好，我是驻在左舵车国家，必须带进使用 1 年以上的车，否则说不定也像这小伙子一样没法带车了。”

“爸，您想什么呢？该您办手续了。”小王一边把申报材料交给海关关员，一边提醒老王。

“没什么。”老王回过神来。

接单关员看到老王，想起他曾来申报过，问道：“您的车才到港呀？”

“您记性可真好，这么长时间还记得，船务公司的问题，可把我急得够呛！”

“还好有惊无险，没超时限。”关员说罢，认真审核起材料来。

关员看材料齐全，熟练地办理起审批手续。老王和女儿相视一笑，都松了口气。

“我还想请问一下，这车怎么征税呢？”老王问。

“馆员的车辆免进口关税，只征收消费税和增值税。”

“那我这用过的车折旧吗？”

“是要折旧的，从车辆购买之日起至进境之日止，依据购车发票按年折旧。不足1年但超过6个月的，按1年折算；不超过6个月的不折算。您的车是每年12.5%。”

“哦，明白了。”

很快，关员就办好了手续，把海关审核表的回执联交给老王说：“您的材料还要经过复核，5个工作日内您就能取到批件到口岸提车了。”

老王在审批时限内顺利取到批件，口岸海关凭批件对车辆进行了查验后征税放行。老王开着在境外已经用了3年的车，像见到了老朋友一样兴奋，哼着小曲就回到了主管海关申领牌照通知书。

“你好，车已经从口岸开来了，我来申领牌照通知书。”

关员迅速为老王办理了相关手续，将装有“中华人民共和国海关监管车辆进/出境领/销牌照通知书”的关封交给老王说：“您可以拿着它到公安机关交通管理部门办理上牌照等相关手续了。”

“好的，非常感谢。这样我就算办完海关的手续了吧?”

“还没有。您的车属于海关监管车辆，监管期限为自海关放行之日起3年。在此期间，您不能擅自转让、出售车辆或者进行其他处置。”

“哦，对对对，我想起来了，有监管期限的。那监管期满我的车是自动解除监管吗?”

“不是的，您要带着身份证件、机动车行驶证和机动车登记证到这儿办理解除监管的手续。到时需要您填写一张申请表。海关核准后，会给您开具解除监管证明书，您再持这个证明书到公安机关交通管理部门办理有关手续。”

“哦，明白了，那我赶紧去上牌子。”

老王的“带车之旅”终于暂告一段落。女儿小王在亲历了整个过程后，又对自己手上的攻略进行了一番补充，还热心地将电子版发给即将驻外的同事们，受到了大家的普遍欢迎。

小贴士 在我国很多城市柴油机动车和右舵车上不了牌照，请提前咨询环保、交管部门，以免造成经济上的损失。

小王攻略

1. 至少驻外2年才能带回车辆，并且要在回国后半年内向海关提出申请。

2. 在车到港后才能向海关提出申请。

3. 需要提供的材料有：护照、身份证、驻外使领馆出具的驻外使领馆人员身份证明、国内外派主管部门出具的我国驻外使领馆人员离任回国证明书、提（运）单、购车发票、装箱单、“中华人民共和国海关进出境自用物品申请表”。

4. 发票为非英语且无法辨识购车日期、车主姓名、车架号等基本信息的语种时，应提供有权威的翻译件，最好由所在使领馆出具并加盖公章。

5. 购车时所用币种为非美元、欧元的，应由所在使领馆出具所用币种与美元的比价证明，按美元或欧元折算车价进行申报。

6. 如果驻在国是左舵车国家，只能带回使用1年以上的旧车，而右舵车国家可以带回新车，但必须购买于离任之前。

7. 带进旧车在征税时是可以折旧的，具体办法可咨询海关工作人员。

8. 在港口提完车之后要到主管海关领取上牌照通知书。

9. 海关监管期为3年，即3年以后还要到海关办理车辆的解除监管手续，需要带着身份证件和机动车辆行驶证，这些步骤一个都不能少。

海关点评

1. **第一条小王的总结不准确。**

按照《驻外使领馆工作人员离任回国所携自用车辆进口税收的暂行规定》（海关总署公告2005年第41号，以下简称《暂行规定》），馆员在第一至第二个任期内，且累计任职时间2年以上（含2年），可进境1辆小轿车（含越野车）；自第三个任期开始，每个标准任期（4年）任满离任可进境1辆小轿车。按照规定，馆员应当自本人入境后6个月内向其国内居住地的直属海关或者经直属海关授权的隶属海关（以下简称主管海关）提出书面申请。

2. **第二条小王的总结正确。**

根据《关于启用有关计算机管理系统》（海关总署公告2010年第81号）的要求，驻外使领馆离任回国人员办理车辆进境手续，纳入计算机系统管理。申报时，除提交相关书面材料外，还需要进行电子数据的录入，并将电子数据信息发送至主管海关。馆员录入的车辆运输舱单信息必须与车辆到港后口岸录入的信息一致，方可传输到主管海关的业务系统中进行接单、审批操作，因此，要求馆员自带车辆到港后提出申请。

小贴士 有些车辆在运输过程中涉及转船，运输工具名称或航次号有可能与运输公司提供的运单不一致。此时，馆员应联系船运公司或车辆到港的港口，确认相关信息，录入运输过程中最后一程的运输工具名称和航次号。

3. **第三条小王的总结正确。**

按照规定，馆员提出申请时应提交下列单证：

1. 护照、居民身份证；

2. 我驻外使领馆出具的驻外使领馆人员身份证明（图2-7）；

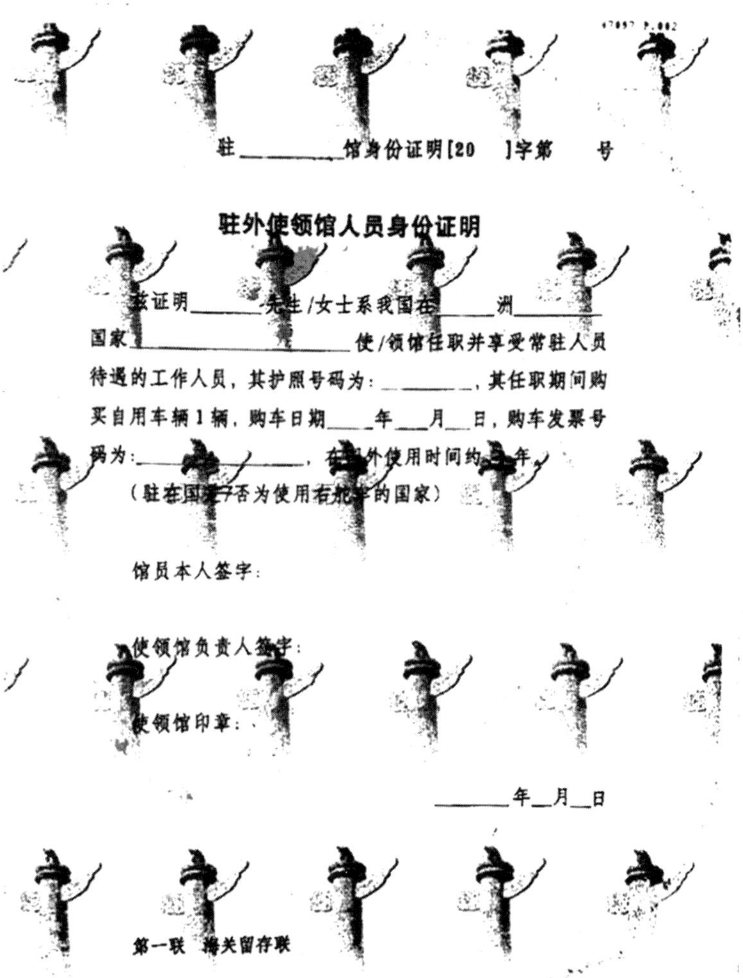

驻______馆身份证明[20]字第 号

驻外使领馆人员身份证明

兹证明______先生/女士系我国在______洲______国家______使/领馆任职并享受常驻人员待遇的工作人员，其护照号码为：______，其任职期间购买自用车辆1辆，购车日期____年___月__日，购车发票号码为：______，在国外使用时间约__年。

（驻在国是否为使用右舵车的国家）

馆员本人签字：

使领馆负责人签字：

使领馆印章：

______年__月__日

第一联 海关留存联

图2-7 驻外使领馆人员身份证明

3. 国内外派主管部门出具的我国驻外使领馆人员离任回国证明书（图2-8）；

4. 提（运）单、购车发票、装箱单等相关单证；

5. “中华人民共和国海关进出境自用物品申请表”。

回国证明　字[20　]第　号

我国驻外使领馆人员离任回国证明书

兹证明________先生/女士系__________________(主管单位名称)派出的我国驻外使领馆人员，其在__________使/领馆任职，护照号码为__________，居民身份证号码为：__________。

该先生/女士在外常驻时间具体如下：

第一标准任期自____年__月__日至____年__月__日，是/否离任，离任回国入境日期____年__月__日；

第二标准任期自____年__月__日至____年__月__日，是/否离任，离任回国入境日期____年__月__日；

第三标准任期自____年__月__日至____年__月__日，是/否离任，离任回国入境日期____年__月__日；

第四标准任期自____年__月__日至____年__月__日，是/否离任，离任回国入境日期____年__月__日；

第五标准任期自____年__月__日至____年__月__日，是/否离任，离任回国入境日期____年__月__日；

该同志现离任回国，特申请进境自用车辆1辆，请海关协助其办理相关手续。

馆员本人签字：

经办人签字：

主管单位人事部门印章：

________年__月__日

第一联　海关留存联

图2-8　我国驻外使领馆人员离任回国证明书

主管海关自接受申请之日起5个工作日内审核批准。

4. **第四、五条小王的总结基本正确**。

馆员申报时需提供购车发票，但车辆发票不同国家不同车型均无统一样式。对此，海关要求发票格式正规，有售车公司或厂家清晰的印章，且必须为正本原件，不能以自行打印的电子版提交申请。此外，如果发票的买受人并非馆员本人的，如以使馆名义购买或从他人手中购买二手车，除提供车辆原始发票外，还应由所在使领馆出具证明，证实该车（注明车架号）归属，并加盖公章。

5. **第六条小王的总结基本正确**。

海关的征税依据是以馆员购车发票价格（驻在国外交人员免税价格）为基础，对进境车辆的价格从车辆购买之日起至进境之日止，按年折旧。不足1年但超过6个月的，按1年折算；不超过6个月的不予折算。折旧后的价格最低不能低于新车价值的40%。具体折旧率为：非洲地区按每年15%计算，其他国家或地区按每年12.5%计算。

6. **第七条小王的总结不全面**。

馆员任职期间购买和使用的左舵车是有使用年限要求的，即从购买之日（购车发票上日期）到离任回国不能少于1年。在使用右舵车的国家或地区工作的馆员，其任内所购的右舵车，在离任前处置后，可以购买一辆左舵小轿车带回国内。但根据中华人民共和国财政部、中华人民共和国外交部制订的《关于进一步加强驻外使领馆车辆管理的补充规定》，使用左舵车的驻非洲二类以上、其他地区三类以上艰苦地区馆及驻战乱、核污染地区馆的馆员，在任期、累积任职时间等条件符合规定的前提下，参照给予驻使用右舵车地区馆的政策，可在离任回国时将任内所用车辆处置后新购1辆左舵小轿车携带进境。

表2－3　使用右舵车的驻外使领馆情况表

序号	馆名	国别	洲别	地区类别	备注
1	驻珀斯总领馆	澳大利亚	大洋洲	0	
2	驻墨尔本总领馆	澳大利亚	大洋洲	0	
3	驻悉尼总领馆	澳大利亚	大洋洲	0	
4	驻布里斯班总领馆	澳大利亚	大洋洲	0	
5	驻澳大利亚使馆	澳大利亚	大洋洲	0	
6	驻新西兰使馆	新西兰	大洋洲	0	
7	驻奥克兰总领馆	新西兰	大洋洲	0	
8	驻克赖斯特彻奇总领馆	新西兰	大洋洲	0	

表2-3续

序号	馆名	国别	洲别	地区类别	备注
9	驻巴布亚新几内亚使馆		大洋洲	2	
10	驻斐济使馆		大洋洲	1	
11	驻萨摩亚使馆		大洋洲	1	驻在国无明确规定，使领馆所在地及使领馆所用车辆主流舵向为右舵
12	驻密克罗尼西亚使馆		大洋洲	2	驻在国无明确规定，使领馆所在地及使领馆所用车辆主流舵向为右舵
13	驻汤加使馆		大洋洲	2	
14	驻开普敦总领馆	南非	非洲	0	
15	驻约翰内斯堡总领馆	南非	非洲	0	
16	驻德班总领馆	南非	非洲	0	
17	驻南非使馆	南非	非洲	0	
18	驻南苏丹使馆		非洲	4	
19	驻坦桑尼亚使馆	坦桑尼亚	非洲	2	
20	驻桑给巴尔总领馆	坦桑尼亚	非洲	2	
21	驻毛里求斯使馆		非洲	0	
22	驻塞舌尔使馆		非洲	0	
23	驻纳米比亚使馆		非洲	1	
24	驻津巴布韦使馆		非洲	2	
25	驻博茨瓦纳使馆		非洲	1	
26	驻赞比亚使馆		非洲	1	
27	驻肯尼亚使馆		非洲	1	
28	驻莱索托使馆		非洲	1	

表 2-3 续

序号	馆名	国别	洲别	地区类别	备注
29	驻卢旺达使馆		非洲	2	驻在国无明确规定，使领馆所在地及使领馆所用车辆主流舵向为右舵
30	驻乌干达使馆		非洲	2	
31	驻莫桑比克使馆		非洲	2	
32	驻马拉维使馆		非洲	4	驻在国无明确规定，使领馆所在地及使领馆所用车辆主流舵向为右舵
33	驻布隆迪使馆		非洲	2	驻在国无明确规定，使领馆所在地及使领馆所用车辆主流舵向为右舵
34	驻牙买加使馆		美洲	0	
35	驻巴巴多斯使馆		美洲	0	
36	驻特多使馆		美洲	0	
37	驻巴哈马使馆		美洲	0	驻在国无明确规定，使领馆所在地及使领馆所用车辆主流舵向为右舵
38	驻格林纳达使馆		美洲	1	驻在国无明确规定，使领馆所在地及使领馆所用车辆主流舵向为右舵

表2－3续

序号	馆名	国别	洲别	地区类别	备注
39	驻多米尼克使馆		美洲	1	驻在国无明确规定，使领馆所在地及使领馆所用车辆主流舵向为右舵
40	驻安巴使馆		美洲	1	
41	驻苏里南使馆		美洲	1	驻在国无明确规定，使领馆所在地及使领馆所用车辆主流舵向为右舵
42	驻圣卢西亚留守组		美洲	1	
43	驻多米尼加商代处		美洲	1	驻在国无明确规定，使领馆所在地及使领馆所用车辆主流舵向为右舵
44	驻圭亚那使馆		美洲	3	
45	驻曼彻斯特总领馆	英国	欧洲	0	
46	驻爱丁堡总领馆	英国	欧洲	0	
47	驻英国使馆	英国	欧洲	0	
48	驻爱尔兰使馆		欧洲	0	
49	驻马耳他使馆		欧洲	0	
50	驻卡拉奇总领馆	巴基斯坦	亚洲	2	
51	驻巴基斯坦使馆	巴基斯坦	亚洲	1	
52	驻古晋总领馆	马来西亚	亚洲	0	
53	驻马来西亚使馆	马来西亚	亚洲	0	
54	驻大阪总领馆	日本	亚洲	0	
55	驻福冈总领馆	日本	亚洲	0	

表2-3续

序号	馆名	国别	洲别	地区类别	备注
56	驻长崎总领馆	日本	亚洲	0	
57	驻名古屋总领馆	日本	亚洲	0	
58	驻札幌总领馆	日本	亚洲	0	
59	驻新潟总领馆	日本	亚洲	0	
60	驻日本使馆	日本	亚洲	0	
61	驻清迈总领馆	泰国	亚洲	0	
62	驻宋卡总领馆	泰国	亚洲	0	
63	驻泰国使馆	泰国	亚洲	0	
64	驻孟买总领馆	印度	亚洲	1	
65	驻加尔各答总领馆	印度	亚洲	1	
66	驻印度使馆	印度	亚洲	1	
67	驻棉兰总领馆	印尼	亚洲	1	
68	驻泗水总领馆	印尼	亚洲	1	
69	驻印度尼西亚使馆	印尼	亚洲	1	
70	驻文莱使馆		亚洲	0	
71	驻塞浦路斯使馆		欧洲	0	
72	驻新加坡使馆		亚洲	0	
73	驻尼泊尔使馆		亚洲	2	
74	驻斯里兰卡使馆		亚洲	2	
75	驻蒙古使馆		亚洲	1	驻在国无明确规定，使领馆所在地及使领馆所用车辆主流舵向为右舵
76	驻孟加拉国使馆		亚洲	2	
77	驻马尔代夫使馆		亚洲	待定	
78	驻东帝汶使馆		亚洲	3	

小贴士

允许馆员离任回国时携带新车进境的驻使用
左舵车地区使领馆名单（54馆）

驻玻利维亚使馆、驻毛里塔尼亚使馆、驻苏丹使馆、驻吉布提使馆、驻厄立特里亚使馆、驻几内亚使馆、驻塞拉利昂使馆、驻几内亚比绍使馆、驻马里使馆、驻赤道几内亚使馆、驻尼日尔使馆、驻利比里亚使馆、驻乍得使馆、驻布基纳法索留守组、驻杜阿拉领事馆、驻拉各斯总领馆、驻埃塞俄比亚使馆、驻亚丁总领馆、驻加纳使馆、驻多哥使馆、驻尼日利亚使馆、驻贝宁使馆、驻科特迪瓦使馆、驻加蓬使馆、驻圣普留守组、驻刚果（金）使馆、驻刚果（布）使馆、驻安哥拉使馆、驻佛得角使馆、驻中非使馆、驻科摩罗使馆、驻海地贸易发展办事处、驻墨西哥使馆、驻厄瓜多尔使馆、驻哥伦比亚使馆、驻伊拉克使馆、驻塔马塔夫总领馆、驻马达加斯加使馆、驻喀麦隆使馆、驻塞内加尔使馆、驻普里什蒂纳领事办公室、驻塞尔维亚使馆、驻黑山使馆、驻阿富汗使馆、驻也门使馆、驻敖德萨总领馆、驻白俄罗斯使馆、驻乌克兰使馆、驻波黑使馆、驻巴勒斯坦办事处、驻利比亚使馆、驻马其顿使馆、驻科威特使馆、驻以色列使馆

7. **第八条小王的总结正确**。

经批准进境的机动车辆，应当自进境地海关放行车辆之日起20个工作日内，向主管海关申领“中华人民共和国海关监管车辆进/出境领/销牌照通知书”，依法在公安交通管理部门办理机动车注册登记手续，公安交通管理部门核发小型汽车号牌。

8. **第九条小王的总结不全面**。

馆员离任回国进境的免税自用车辆属于海关监管车辆，监管期限

为自海关放行之日起 3 年。监管期限内，馆员进境的海关监管车辆不得擅自转让、出售或者进行其他处置。3 年监管期限届满时，馆员即可持“中华人民共和国海关公/自用车辆解除监管申请表”、本人身份证件、机动车行驶证和机动车登记证向主管海关提出解除监管的申请。主管海关核准后，开具解除监管证明书，馆员凭此依法在公安机关交通管理部门办理有关手续。馆员如有特殊情况需转让、出售或者处置其进境的海关监管车辆，应报经主管海关批准，并持本人身份证件、机动车行驶证和机动车登记证等相关单证向主管海关提出书面申请。主管海关审核并对有关车辆依法补征税款后，开具解除监管证明书，馆员凭此依法在公安机关交通管理部门办理有关手续。

小贴士 馆员特别需要了解！海关对需补税的车辆并不只是简单的对进口关税进行补征，补税时还需要补征部分增值税和消费税。离任馆员进口车辆免的只是进口关税，增值税和消费税需照章征税，车辆进口增值税和消费税的计征公式中都包含进口关税项，而这两项税的计税公式中，进口关税项下均为零，因此，海关在补税时需要将这部分免除的税款补齐！

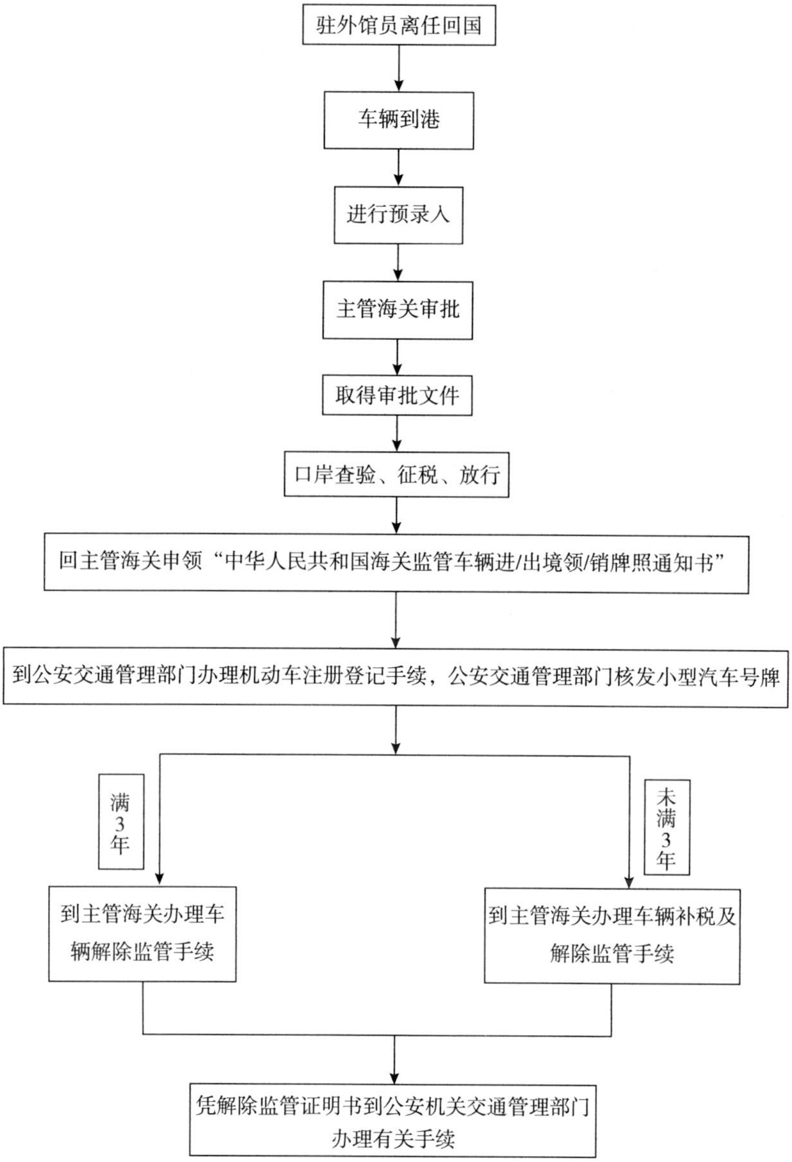
驻外馆员离任回国
车辆到港
进行预录入
主管海关审批
取得审批文件
口岸查验、征税、放行
回主管海关申领“中华人民共和国海关监管车辆进/出境领/销牌照通知书”
到公安交通管理部门办理机动车注册登记手续，公安交通管理部门核发小型汽车号牌
满3年
未满3年
到主管海关办理车辆解除监管手续
到主管海关办理车辆补税及解除监管手续
凭解除监管证明书到公安机关交通管理部门办理有关手续

图2－9　馆员带车流程图

附件

参加车改的驻外使领馆名单

朝鲜、清津、釜山、蒙古、越南、胡志明市、印度、孟买、缅甸、曼德勒、巴基斯坦、卡拉奇、尼泊尔、斯里兰卡、老挝、菲律宾、宿务、塞浦路斯、土耳其、伊斯坦布尔、札幌、大阪、长崎、古晋、泰国、清迈、宋卡、新加坡、印尼、柬埔寨、文莱、阿富汗、东帝汶、德国、汉堡、波恩、慕尼黑、瑞典、哥德堡、丹麦、苏黎世、日内瓦代表团、驻世贸组织代表团、芬兰、挪威、曼彻斯特、爱丁堡、爱尔兰、马赛、斯特拉斯堡、意大利、米兰、佛罗伦萨、比利时、欧盟使团、卢森堡、马耳他、希腊、荷兰、禁止化学武器代表团、西班牙、巴塞罗那、葡萄牙、叙利亚、约旦、也门、亚丁、伊朗、科威特、黎巴嫩、阿曼、阿联酋、迪拜、沙特、吉达、巴林、卡塔尔、阿尔及利亚、摩洛哥、突尼斯、利比亚、毛里塔尼亚、亚历山大、苏丹、埃塞俄比亚、吉布提、肯尼亚、乌干达、布隆迪、卢旺达、厄立特里亚、几内亚、塞拉利昂、几内亚比绍、加纳、利比里亚、多哥、拉各斯、科特迪瓦、加蓬、圣普、喀麦隆、杜阿拉、赤道几内亚、坦桑尼亚、桑给巴尔、刚果（金）、刚果（布）、赞比亚、津巴布韦、毛里求斯、纳米比亚、马达加斯加、南非、开普敦、德班、莱索托、佛得角、中非、多伦多、卡尔加里、美国、旧金山、休斯敦、纽约、洛杉矶、联合国代表团、古巴、智利、秘鲁、圭亚那、墨西哥、蒂华纳、阿根廷、乌拉圭、特多、牙买加、巴西、圣保罗、里约热内卢、苏里南、厄瓜多尔、瓜亚基尔、哥伦比亚、玻利维亚、圣克鲁斯、委内瑞拉、巴拿马、巴哈马、俄罗斯、圣彼得堡、哈巴罗夫斯克、海参崴、白俄罗斯、拉脱维亚、立陶宛、哈萨克斯坦、吉尔吉斯斯坦、乌兹别克斯坦、乌克兰、土库曼斯坦、亚美尼亚、阿塞拜疆、格鲁吉亚、爱沙尼亚、保加利亚、罗马尼亚、康斯坦察、摩尔多瓦、匈牙利、捷克、斯洛伐克、波兰、革但斯克、阿尔巴尼亚、克罗地亚、斯洛文尼亚、波黑、澳大利亚、墨尔本、珀斯、悉尼、巴布亚新几内亚、新西兰、奥克兰、斐济、马其顿、萨摩亚、密克罗尼西亚、安提瓜和巴布达、基里巴斯、瓦努阿图、科摩罗、布基纳法索、塞内加尔、汤加、瑙鲁、韩国、多米尼克、埃及、福冈、圣卢西亚、芝加哥、奥地利、马来西亚、加拿大、贝宁、莫桑比克、孟加拉国、巴巴多斯、维也纳代表团、约翰内斯堡、塔吉克斯坦、温哥华、塞舌尔、巴勒斯坦、英国、马里、尼日尔、尼日利亚、冰岛、法国、博茨瓦纳、日本、以色列、瑞士、多米尼加、安哥拉、巴兰基亚、塔马塔夫、马绍尔、格林纳达、哥斯达黎加、伊拉克、塞尔维亚、黑山、乍得、马拉维、布里斯班、阿拉木图、法兰克福、名古屋、敖德萨、泗水、加尔各答、叶卡捷琳堡、伊尔库茨克、里昂、南苏丹、圣但尼、帕皮提、拉瓦格、光州、海地、冈比亚、棉兰、蒙特利尔、普里什蒂纳、伊基克、克莱斯特彻奇、新潟、马尔代夫(262)

第四节 留学回国人员

情景一 留学生小赵购车——留学回国人员购买国产免税车辆

阳春三月，暖暖的阳光驱走了冬日的寒冷，同样也洒在了携未婚妻小李一起前往海关办理购买免税国产汽车手续的小赵心头。对于在美国哥伦比亚大学寒窗数载，学成归国的小赵而言，凭着国外名牌大学硕士文凭这一“金字招牌”，以及在美国世界500强公司两年多的实际工作经验，小赵归国后很快找到了专业对口、收入颇丰的理想工作。成功“立业”的同时，“成家”也没有耽误，看着身边同窗两载，一起学成归国，即将喜结连理的学妹兼未婚妻小李，小赵心中满是幸福！

“亲爱的，你看咱们的房子很快就可以入住了，今天再把这归国留学人员购买免税国产汽车手续办了，圆了咱们的购车梦，咱就真的衣食住行全齐了，剩下的就是咱们的好日子了！”小赵满怀憧憬地说道。

“你别光顾着做美梦了，你都挑了那么久，车型到底定好了没有呀？上次我打电话向海关咨询，人家海关说来申请的时候必须已经将车型定好了才行，就买奥迪了是吧？你可别再犹豫了！最关键的是，你手续都带齐了吧？”小李问道。

“你放心吧，咱们现在是创业阶段，两个人都申请，买两辆车也没必要，就买一辆高端点的奥迪就行了。手续你就更不用操心了，我连你的那套手续也带着呢，要不跟你汇报一下吧：护照、留学回国人员证明、户口簿、身份证、毕业证书、申请表，汇报完毕！”小赵信心满满地回答。

小李娇嗔地斜睨了小赵一眼，说：“看把你能的，到时候让人家海关关员审核以后再吹牛吧!”

两人一路说笑，来到了海关报关大厅，很快找到了办理留学回国人员购车审批手续的柜台。“嗬，人还真不少！反正咱们也请了半天的假，耐心排着吧!”排队的同时，小赵随手从海关报关台上取了一份办理手续所需提供的材料要求，看罢，小赵不无得意地对小李说：“你看，人家海关的业务须知上写的多明白，我带的东西一样都不少吧，呵呵!”

两人正聊着，听到前面一位中年儒雅男子向海关提出了咨询：“您好，我是在国外做访问学者的，我可以享受购买免税车的优惠吗?”

负责咨询的海关人员耐心地解释说：“留学回国人员是指以学习和进修为目的，在境外正规大学（学院）注册学习和进修（包括出国进修、合作研究）一学年（含一学年）以上，毕（结）业后回到国内定居、工作的中国籍留学人员。如果您是属于以上范围的访问学者，符合其他规定的话，应该可以享受购车优惠，在手续上，与在外留学的回国人员应提交的手续基本一样，只不过不用提供毕（结）业证书，仅提供访问、进修结束后，由访问进修的学校或者科研机构出具的证明即可。”

男子又问：“所谓一学年是如何界定的呢？国外的学制不一样，多长时间算一学年呢？我在国外科研机构进修，做访问学者 10 个月，符合要求吗?”

咨询人员笑了笑回答：“您的问题很专业，根据相关规定，留学人员在外学习时间是指自注册入学之日起到毕（结）业之日止。按照海关规定并经商国家教育主管部门后确认，所谓‘一学年’，海关一般按照学习、进修时间不少于 9 个月掌握。”

看到中年男子得到了满意的答复，等待办手续的其他人也纷纷就自己的疑问打开了话匣：“这位关员，请问我们都能选择哪些车呀？另外最关键的是，国家给我们免除的都是什么税？我们到底能省多少钱呀?”“我的孩子在香港上大学，能比照在国外读大学一样的待遇吗?”

面对大家一个接一个的问题，咨询人员不慌不忙地说道：“大家别着急，一个一个来，我会慢慢给大家讲解的。首先，留学人员购买的国产免税小汽车所免的税项包括免征其关键件或成套散件进口环节的关税、增值税和车辆购置税等。至于可选车型问题是这样的，按照规定，凡是国家定点轿车生产厂家生产的轿车，也就是我们通常所说的合资小汽车，留学人员均可购买。还有，刚才这位学生家长问的有关在香港读大学的问题是这样的，前面提到的‘在境外正规大学学习’中的‘境外’，指的是‘关境’，而非国境，留学人员购买免税国产小汽车的优惠政策，同样适用于在我国香港、澳门地区学习的人员。”

听了咨询人员的讲解，大家都频频点头，小赵也不禁对小李说：“以前只知道留学生可以享受优惠购车的政策，没想到这里面的学问还真不少呢!”

说话间，轮到小赵办理申请手续了。小赵将准备好的材料递给海关关员审核，信心满满地等待审核通过。关员认真地审核完所有的单据后，抬起头对小赵说：“很抱歉，按照规定，您不符合申请购买免税车辆的要求。”

“什么？为什么呀?”小赵马上着急起来，声音也不自觉地提高了一个八度，“材料我都带齐了呀，哪里不符合要求呢?”

关员看到小赵着急的样子，安慰说：“您先别着急，听我给您解释，刚才看您的材料，您是2009年3月5日入学，2011年2月10日毕业，然后在国外工作了2年多，于2013年的3月15日归国，距离您毕业时间已经超过了2年，根据规定不能再享受免税购车待遇了。”

“啊？还有这个规定呀!”面对自己即将破灭的购车梦，小赵很是沮丧，但仍心存希望，一边翻看自己护照上的入境章，一边急切地说，“可我毕业后的2012年2月22日曾经短期回国，那时并没有超过2年呀!”

看着沮丧的小赵，旁边的小李突然想起了什么，说道："反正我们只是想购买一辆车，你的不行就看看我的呗！"

"对呀，都把我急糊涂了！"小赵一边说，一边把小李的材料递了过去。关员认真地审核后说："恭喜二位，李女士的材料是符合要求的，不过，她的手续也差点就不符合另一个时限方面的要求了。"

"啊，还有什么时限要求？"小赵诧异地问道。

关员说："李女士在学习期间曾经回国数次，其中多次停留超过30天，所幸的是其中一次停留了29天，根据规定可以连续计算，因此有了一个免税指标，要不然也没有办法申请。"

听到这里，小赵和小李对视了一下，都感到很庆幸。

小李说："那我们获得批件后，就可以去4S店买车了吧？"

"不是这样的，您还要向居住地或者工作地主管海关提出申请，拿到主管海关核发的准购单等材料，才能向生产厂家购车。购车后要拿着发票来海关领取准购单第四联，去国税部门办理免征车辆购置税手续。"说到这里，关员特地加大了音量，环顾在场的其他留学人员，对在场的办事人员给予了特别提示。

一边说着，业务熟练的关员已将小李的相关手续办好，开始了下一位留学人员申请购车材料的审核工作。小赵和小李对关员的耐心解释和热情服务表示感谢后，满意地走出了报关大厅。经历了从满怀希望到失望，再到惊喜的过程，终于可以一圆购车梦的小赵和小李的心情也如这春天般明朗。小赵对小李说："应该提醒一下咱们还在海外，准备毕业回国后购买免税车的同学和朋友们，要详细了解一下相关规定，免得和咱们一样虚惊一场！对了，晚上我要写一个申请购车攻略，提醒大家应该注意哪些方面的问题，名字我都想好了，就叫'好事多磨终圆购车梦'！"

情景二　小赵北京的朋友要摇号——北京及类似地区留学回国购车

北京的夏天，骄阳似火，小赵朋友小张的心情像外面的太阳一样焦躁不安。小张是北京人，从国外留学回来后听说留学归国就业人员购车能够享受优惠，但是北京市出台了摇号政策，小张没有驾照，就没有摇号资格，眼看自己的留学生购车优惠资格再有1个月就要过期了，这可怎么办好啊。小张想起小赵的未婚妻小李——现在是老婆了，买了一辆留学生免税车，小赵还写了一个留学生购买免税车申请攻略，就给小赵打电话咨询。

“赵哥啊，现在北京买车要摇号，我连驾照都没有，要去学车怎么也要两三个月，就算有了驾照还不知道什么时候能中签呢，我的留学生购车优惠资格还有1个月就要到期了，我该怎么办啊，你不是对海关政策比较了解嘛，赶紧帮我想想办法。”小张一上来就心急火燎地把自己的忧虑向小赵倾吐了出来。

小赵听完呵呵一笑，不紧不慢地对小张说：“老弟啊，别着急嘛，你毕业后首次入境还不满1年吧，购车优惠资格还有效吧，你……”

小张还没等小赵说完就打断了他，急切地说：“别说这些了，留学生购车优惠资格我都符合，但是期限就剩1个月了，我还没有驾照，买了车也上不了牌照啊，现在该怎么办啊？我是不是享受不到留学生购买免税车的优惠政策了？”

“没有问题啊，据我了解，你可以先到海关申请留学生优惠购车的指标，等你拿到驾照再慢慢摇号就成了。”小赵慢悠悠地说道。

小张疑惑地说：“是吗？如果是这样那就太好了，我就先去海关办手续，然后再学车拿驾照，再去摇号买车。我赶紧去海关问问，拜拜。”

挂了电话，小张带好自己的材料来到海关的报关大厅，一进门就看到了办理留学回国人员购车审批手续的柜台，一头冲进去就开始说明自己的情况。接待他的关员听他说完，仔细审核了他手中的材料后说："你说的小赵就是后来写了留学生购买免税车申请攻略的那个小赵吧？他说得没错，你符合留学生购买免税车的优惠政策，确实 1 个月后资格就要到期，你要抓紧时间办理。你办完留学生购车优惠指标申请后再去摇号，等到你摇号中签以后再去买车就可以了，留学生购车优惠指标在北京没有有效期的限制。"

"太好了，那我今天就办理申请吧。"小张高兴地说。

不一会儿，业务熟练的海关关员就将小张的相关手续办好了。这下小张踏实了，高兴地走出报关大厅。

小赵攻略

1. 将车型定好再向海关提交申请，不同的车型免税额度不一样，可以根据实际情况，选择性价比较高的车型。

2. 申请时要准备好护照、留学回国人员证明、户口簿、身份证、毕业证书等相关材料，避免因为材料不齐带来麻烦。

3. 千万要注意一定要在毕业之后 1 年提出申请，过了这个期限，就不能再申请了。

4. 要注意在学习期间回国，每次停留有没有超过 30 天，这会涉及免税指标的时间计算。因为在外学习每满 180 天，有一个免税指标。如果在学习期间临时回国探亲，并且停留时间没有超过 30 天，海关就会对在外学习的时间进行连续计算。有可能因为一两天就耽误一个免税指标，太不划算了。

5. 申请获得批准后，还要拿到主管海关核发的准购单等材料才能购车，购车后要拿着发票来海关领取准购单第四联，去国税办理手续，这些步骤一个都不能少。

6. 不光是留学人员，访问学者也可以购买免税汽车，不过，提交的材料不太一样，具体事宜大家可以自己查阅或者直接到现场咨询一下。

海关点评

1. **第一条小赵的总结正确。**

不同型号和档次的汽车，由于国产化率不同，整车上的进口零部件比例也不尽相同，因此减免的税费也相应不同。国产化率低的车，免税的价格就可能比市场价低很多，相应的享受减免税优惠的程度就多一些，反之，免税价格与市场价的价差就比较小。另外，由国税部门征收的车辆购置税是按照车辆购买价格的百分比计征的，因此一般来说，价格较高的车型享受的车辆购置税减免金额也相应比较多。

2. **第二条小赵的总结正确。**

按照规定，留学人员购买国产免税汽车需持下列证件和材料向主管地海关提出申请，办理审批手续：

（1）留学人员有效进出境证件（护照）；

（2）留学回国人员证明（图 2－10）或在港澳地区学习证明（图 2－11）；

（3）公安部门出具的境内居留证明（户口簿、身份证）；

（4）备案地海关要求提供的其他证明文件，包括毕（结）业证书或在外进修证明等；

（5）填写“中华人民共和国海关进出境自用物品申请表”。

留 学 回 国 人 员 证 明

（　　）　　教(文) 证字　　　号

兹证明＿＿＿＿＿（男□、女□，护照号码＿＿＿＿＿＿）系我国在＿＿＿＿＿＿＿＿国＿＿＿＿＿＿＿＿＿＿学校（单位）的高级研究学者□、访问学者□、博士后□、博士研究生□、硕士研究生□、本科生□、大专生□、其他留学人员□

在我驻外使（领）馆报到日期＿＿＿＿年＿＿＿月＿＿＿日

注册入学日期＿＿＿＿年＿＿＿月＿＿＿日

毕（结）业日期＿＿＿＿年＿＿＿月＿＿＿日

拟回国日期＿＿＿＿年＿＿＿月＿＿＿日

毕（结）业证书名称　　　　　号码

备注（留学经历描述）＿＿＿＿＿＿＿＿＿＿＿＿＿＿＿＿＿＿＿＿

＿＿＿＿＿＿＿＿＿＿＿＿＿＿＿＿＿＿＿＿＿＿＿＿＿＿＿＿＿＿

＿＿＿＿＿＿＿＿＿＿＿＿＿＿＿＿＿＿＿＿＿＿＿＿＿＿＿＿＿＿

留学回国人员签字：

经办人签字：　　　　　　　　教育（文化）处（组）公章

负责人签字：　　　　　　　　＿＿＿＿年＿＿月＿＿日

第一联：交留学回国人员　　　　　　　　教育部国际合作与交流司 2012 年制表

注意事项

1、本证明只为学成回国工作的留学人员开具。
2、本证明由我驻外使（领）馆教育（文化）处（组）在留学人员回国时填写，不得涂改。
3、本证明经使（领）馆教育（文化）处（组）经办人、负责人签字并在第一、第二联加盖公章方为有效。
4、第一联由留学人员保存，其他单位可查验原件，收存复印件，不得收取原件。

图 2－10　留学回国人员证明

在港澳地区学习证明

（　　　　）教　　　　（文）证字　　　号

兹证明＿＿＿＿＿男□、女□，系内地在＿＿＿＿＿地区，＿＿＿＿＿＿＿＿学校（单位）的访问学者□，进修人员□，研究生□，大学生□

港澳通行证号码＿＿＿＿＿＿＿＿发证机关＿＿＿＿＿＿＿＿＿＿＿＿＿＿

学习（工作）证件名称＿＿＿＿＿＿＿＿＿＿号码＿＿＿＿＿＿＿＿＿＿

在中央政府驻港□、澳□联络办报到日期＿＿＿＿年＿＿＿＿月＿＿＿＿日

注册入学（工作）日期＿＿＿＿＿＿＿年＿＿＿＿＿＿月＿＿＿＿＿＿日

毕（结）业、结束工作日期＿＿＿＿＿＿年＿＿＿＿＿＿月＿＿＿＿＿＿日

毕（结）业证书名称＿＿＿＿＿＿＿＿＿号码＿＿＿＿＿＿＿＿＿＿＿＿

附：毕（结）业证件影印件。

在港澳学习人员签字：

中央政府驻港（澳）联络办
教科（宣文）部经办人签字：

中央政府驻港（澳）联络办
教科（宣文）部负责人签字：

中央政府驻港（澳）联络办
教科（宣文）部公章

＿＿＿＿年＿＿月＿＿日

教育部国际合作与交流司
（港澳台事务办公室）2012年制表

第二联：由在港澳学习人员带
交国内向海关申报

注 意 事 项

1. 本表由中央政府驻港澳联络办教科（宣文）部在港澳学习人员结业返回时填写。
2. 中央政府驻港澳联络办教科（宣文）部经办人、负责人签字并由教科（宣文）部在第一、二联加盖公章方为有效。
3. 访问学者、进修人员如无“学习证件”和“结业证书”，则不填写相应栏目。
4. 填写字迹要工整、清楚，不得涂改。

图2－11　在港澳地区学习证明

小贴士 根据《关于启用有关计算机管理系统》（海关总署公告2010年第81号）的要求，自2011年1月1日起，留学人员办理购买免税国产汽车申请手续，纳入计算机系统管理，申请时除提交相关书面材料外，还需要进行电子数据的录入，并将电子数据信息发送至主管海关。

3. 第三条小赵的总结不准确。

根据规定，留学人员购买免税国产汽车不仅需要提供相应的证明材料，还有一些时限上的限定，即留学人员学成后在外（实习或工作）停留时间不超过2年，毕业或进修学成结束后，应自首次入境之日起1年内提出购车申请，逾期海关将不予受理。这里需要注意的是，1年的期限应自“首次入境之日”起计算，小赵提到的自“毕业之后”1年是不准确的。

4. 第四条小赵的总结正确，应引起广大留学人员的特别关注。

留学人员购买的国产免税小汽车是要计入本人免税指标的。按照海关规定，留学人员在境外学习期间，每满180天有一个免税指标。留学人员如果在学习期间有临时回国探亲等情况，并且在境内停留时间不超过30天的，则海关对其在外学习的时间连续计算。假如留学人员的学制是1学年，同时在学习期间又有回国并停留超过30天的，那么就极有可能出现回国前后两段都不满180天的情况，因此，留学人员一定要特别留意这点。

5. 第五条小赵的总结较为全面。

留学人员购买国产免税汽车应首先向其居住地或者工作地主管海关提出申请，主管海关审核通过后，留学人员持主管海关核发的准购单等材料直接向生产厂家购车，并在购车后凭厂家或厂家直接管理的销售门市部出具的发票前来海关领取准购单第四联，前往国税部门办理免征车辆购置税手续。

需要注意的是，如果留学人员因特殊情况本人不能亲自到生产厂家办理购车手续的，可以委托由海关总署批准的代理机构代为办理购车手续。如果到汽车市场或4S店直接购买，将脱离海关实际监管，不属于海关监管范围，因此也无法享受各类税收优惠。

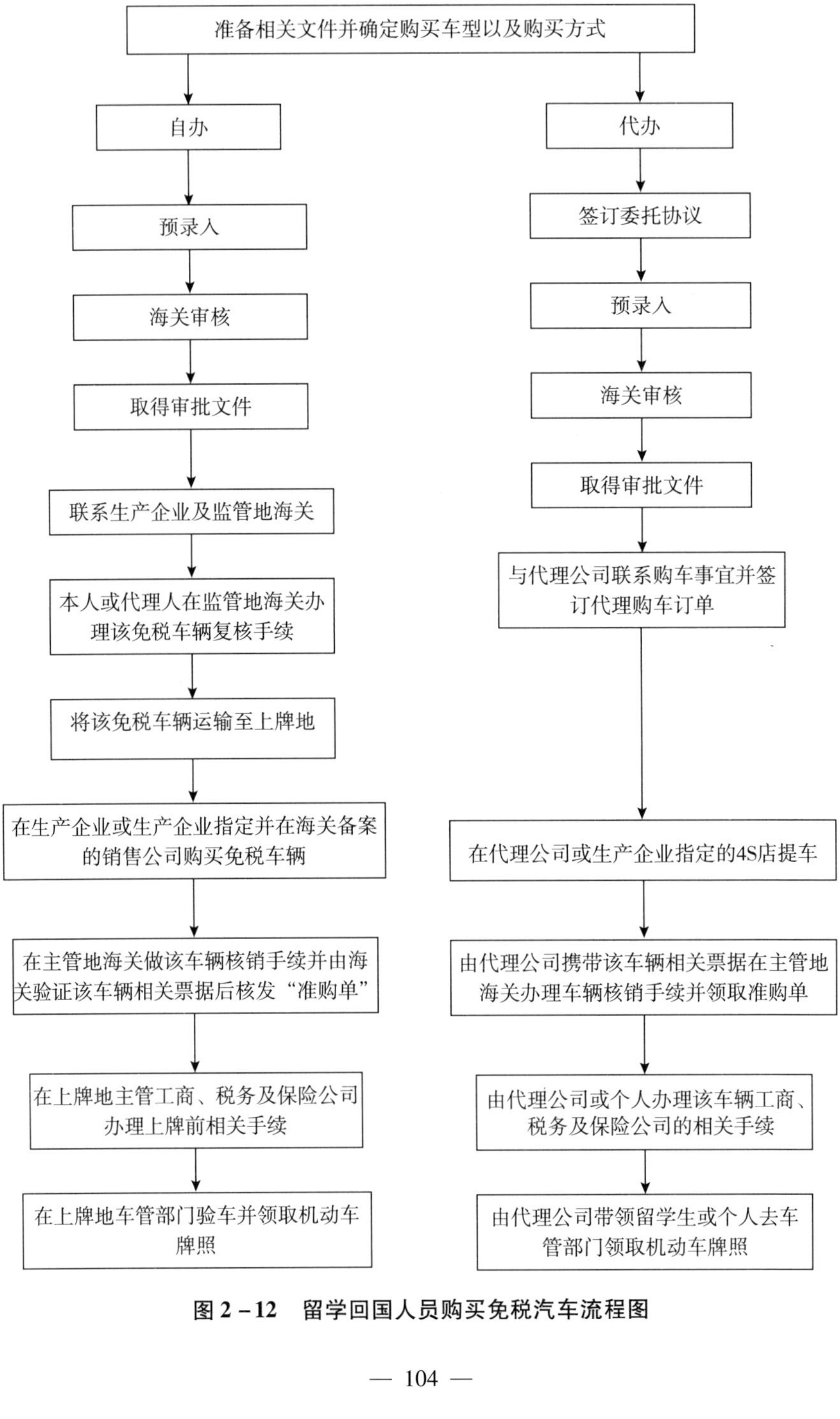

图2-12　留学回国人员购买免税汽车流程图

6. 第六条小赵的总结基本正确。

留学回国人员与访问学者均可购买免税汽车，只是在申请时提交的材料不同（表2－4）。

表2－4　留学回国人员、访问学者免税购车申请资料表

留学生	访问学者
身份证	身份证
护照	护照
户口本	户口本
留学证明	留学证明
学位证书	进修证明
申请表	申请表

小贴士　访问学者证明需由访问进修的学校或者科研机构出具，不能是其他形式的证明，如在美国进修访问的访问学者就不能以入境时美国移民局要求填写的“IAP66表”代替。

第三章　禁限类物品

“禁限类物品”是国家禁止进出境物品和限制进出境物品的简称。“禁止进出境物品”是指政府为保护国家政治、经济、文化、道德、卫生等方面的利益，以法律、法规明令不准进境或出境的物品。“限制进出境物品”是指按照国家规定限值、限量进出境或需经有关部门批准方可进出境的物品。旅客携运《中华人民共和国禁止进出境物品表》所列的物品进出境，在海关检查以前主动报明的，海关分别予以没收或者责令退回，并可处以罚款。藏匿不报的，按照《中华人民共和国海关法》有关规定处罚。旅客携运《中华人民共和国限制进出境物品表》所列物品和中华人民共和国政府特别管制的物品进出境，海关按国家有关法规办理。

本章通过旅客携带“手枪”、烟酒、现金、黄金、古董、象牙、红珊瑚、药品等禁限类物品的事例，帮助广大旅客了解进出境环节哪些物品是不能携带的，哪些物品是受数量、价值限制的，哪些物品是需要按规定办理相关手续的，以避免产生不必要的麻烦。

第一节　“手枪”和烟酒

作为一个军事发烧友，小赵特别喜欢看战争类电影，玩“使命召唤、战地系列”等第一人称射击游戏时最喜欢做的事情之一就是收集各类枪支，郊区的模拟战场更是常见小赵的身影，可惜由于我国禁止枪支自由出售，小赵始终无法拥有一把属于自己的枪。这次去香港出差，小赵听说旺角有仿真武器专卖店，决定跑一趟。一路穿街走巷，小赵终于找到了这家专卖店。看到琳琅满目、眼花缭乱的各式仿真枪，小赵觉得真是不虚此行。从最新的美国斯通纳 SR25 步枪到古董级的勃朗宁 M1910 手枪，这里都有销售，而且仿真度很高，小赵不禁惊叹道：“这里真是军迷的天堂!”经过一番筛选，小赵决定买一把格洛克仿真手枪和一套战术迷彩服。在付钱的时候，店老板听说他来自内地，就提醒道：“年轻人，看你的样子应该是第一次来这边买东西，我先提醒一下你，这些仿真枪在香港可以随意买卖，但是在内地就不行，如果被海关查到，是要被没收的，而且有可能会被罚款，我这里有些熟客就被罚过，所以你要考虑清楚哦!”小赵一愣，犹豫了好一会，最终还是克服了内心的渴望，放弃了这把格洛克。他心想，被罚款是小事，如果影响到以后到香港就麻烦了，毕竟项目才刚刚开始，以后还要经常过来的。

虽然不能买枪，但小赵觉得收获了一套战术迷彩服也不错。另外，好不容易来一趟香港，带瓶好酒回去孝敬老丈人也是个不错的选择。来香港之前，小赵就看到新闻说，香港着力打造成亚洲葡萄酒交易及集散中心，对进口葡萄酒实行零关税优惠，香港红酒应该比内地便宜许多。于是，小赵在一个红酒庄挑选了 2 瓶法国波尔多红酒，价格比内地便宜了至少 30%。在口岸免税店，他又选了 2 条进口香烟，平时抽惯了国产香烟，这次也算是尝尝鲜。

在经过海关时，一名海关关员将小赵请到了查验区，客气地对他说：“您好！海关检查，请打开您的行李。”

小赵不太情愿地打开行李，说：“你看，我只带了 2 瓶红酒、2 条香烟，没带什么别的东西。”

海关关员边查看行李边说：“您携带进境的烟、酒已超出免税限量。”

小赵一下变了脸：“不是说每个人的免税都是5 000元吗？这2瓶酒和2条烟根本就不到5 000元！”

海关关员耐心地解释道：“烟酒不同于一般的商品，是属于限制入境的东西。香港、澳门地区居民和因私往来香港、澳门的内地居民，可以免税带进香烟200支，也就是1条烟；可以免税带12度以上酒精饮料限1瓶，而且这瓶酒必须是750毫升以下的。”

“那我多带的烟酒怎么办？这些都是我买来孝敬老丈人的。”小赵有点着急了。

“您携带进境的烟、酒虽然超出免税限量，但由于数量不多，仍然属于自用的范围，我们可以给您作征税处理，您交税后就可以带走了；当然，如果您不想交税，我们可以给您作退运处理，请问您是选择征税还是退运？”

“退运是什么意思？”小赵有点疑惑。

海关关员耐心地继续解释：“退运就是退回境外，不允许入境的意思。我们这里的‘退运’指的就是将东西退回香港，物品将暂存在海关指定的仓库，您可以在下次出境时带回香港去。”

“那不行，好不容易才去一次香港，下次都不知道什么时候再去呢，我还是交税吧，请问要交多少钱？”小赵拿出钱包看看还剩多少现金。

海关关员仔细查看了一下红酒酒标和香烟品牌，对小赵说：“请提供您购买物品的真实购物发票或收据。”小赵从包里找出烟酒的购物票据递给海关关员。

“您带的红酒12.5度，应归入葡萄酒（12度至22度），税率为50%；烟的税率也是50%。”海关关员验核了发票，继续说，“您的香烟完税价格为100每条100元，税款为50元；葡萄酒的完税价格为600元，税款为300元。”

小赵一脸不解，问道：“为什么我买的香烟折合人民币是150元，葡萄酒是人民币600元，但是卷烟的完税价格是100元，葡萄酒的完税价格却是600元呢?”

海关关员解释道:“按照行邮税的完税价格确定原则,您的卷烟属于完税价格表,此表全称为《中华人民共和国进境物品完税价格表》已列明价格的物品,实际购买价格又在列明价格的2倍以内,因此按完税价格表确定价格,共计200支卷烟100元;您的葡萄酒虽然也属于已列明价格的物品,但实际购买价格在列明完税价格2倍以上,海关依据实际购买价格确定完税价格为600元。”

经过海关关员解释,小赵有点明白了,“原来如此,2倍以内的按已列明价格,2倍以上按照实际购买价格。”

海关关员进一步解释道:“实际购买价格是完税价格表列明完税价格2倍及以上,或是完税价格表列明完税价格1/2及以下的物品,海关可根据真实购物发票或收据依法确定完税价格。”

海关关员随即打印出一份单证,并加盖了印章,对他说:“这是税款缴纳证,您拿到那边的口岸银行去交税,然后再回到这里。”小赵顺着海关关员指的方向去银行交税。

交完税回来,小赵将银行盖了章的税款缴纳证交还给海关关员。此时,正好看到旁边查验台上,一名海关关员从一名旅客的背包中查出3把仿真枪和几包BB弹。“哇!”小赵暗自赞叹道,“这几把枪做工真好,这哥们看来也是一个军事发烧友,而且眼光不错哦!”

但还来不及平复羡慕之情,他就听到海关关员严肃地对那名旅客说道:“仿真枪属于禁止进境物品,您涉嫌走私仿真枪进境,我们将移交海关缉私部门处理。”

小赵心里一惊,好险,还好听了劝告没买,但仍然心有疑惑,就问查验关员:“我不明白,为什么仿真枪不能带呢?仿真枪又不是真枪,只是玩具而已,我很喜欢仿真枪,昨天差点就买了一把回来。”

海关关员微笑着告诉小赵:“你没有携带仿真枪进境是正确的。仿真枪做工精细,无论从质地、外观、重量、尺寸、颜色等方面都与真枪相差无几，容易以假乱真，同时里面可以安装钢珠或者塑料的 BB 弹，具有一定杀伤力，经改装后杀伤力甚至更大，给社会治安和人民群众生命安全增加了不稳定因素。早在 1993 年，海关总署和公安部就联合发文将仿真武器列为禁止进出境物品了。”

“原来如此。您一解释我就明白了，仿真武器既有杀伤力又容易以假乱真，确实挺危险的。”小赵终于释然。

小赵攻略

1. 仿真枪在有些国家和地区是合法的，但属于我国禁止进境的物品，幻想着买把带回国的念头万万不能有，被海关逮住的话，会相当麻烦。

2. 香港的红酒比内地便宜很多，出境时不妨买点红酒回来，虽然按规定只能带 1 瓶回来，但多带几瓶回来的话可以小赚一笔，而且海关不一定查得到，查到的话最多缴点税。

3. 口岸的免税店有很多国内没有的香烟，可以买来当手信送人，可惜每个人只能免税带 1 条。

4. 提醒准备去香港的人，香港那边的公告说去香港只能带 1 包烟，带多了可能要坐牢。

海关点评

小赵的攻略有正确的地方，但错误的地方明显更多，容易给他人造成误导。

1. **小赵总结的第一条正确**。

根据《中华人民共和国禁止进出境物品表》（表 3－1）规定，“禁止进境物品”下第一项为“各种武器、仿真武器、弹药及爆炸物品”；“禁止出境物品”下第一项为“列入禁止进境范围的所有物品。”同时，按照《中华人民共和国海关行政处罚实施条例》第 9 条第 1 款，走私国家禁止进出境的物品的，没收走私物品及违法所得，可以并处10万元以下罚款；违法行为涉嫌犯罪的，依法追究刑事责任，因此，旅客切勿携带仿真武器进出境。

表3-1　中华人民共和国禁止进出境物品表

禁止进境物品	禁止出境物品
1. 各种武器、仿真武器、弹药及爆炸物品； 2. 伪造的货币及伪造的有价证券； 3. 对中国政治、经济、文化、道德有害的印刷品、胶卷、照片、唱片、影片、录音带、录像带、激光视盘、计算机存储介质及其他物品； 4. 各种烈性毒药； 5. 鸦片、吗啡、海洛因、大麻以及其他能使人成瘾的麻醉品、精神药物； 6. 带有危险性病菌、害虫及其他有害生物的动物、植物及其产品； 7. 有碍人畜健康的、来自疫区的以及其他能传播疾病的食品、药品或其他物品。	1. 列入禁止进境范围的所有物品； 2. 内容涉及国家秘密的手稿、印刷品、胶卷、照片、唱片、影片、录音带、录像带、激光视盘、计算机存储介质及其他物品； 3. 珍贵文物及其他禁止出境的文物； 4. 濒危的和珍贵的动物、植物（均含标本）及其种子和繁殖材料。

2. 小赵总结的第二条不正确。

首先，根据“中华人民共和国限制进出境物品表”（表3-2）规定，烟和酒属于限制入境的物品。其次，根据“中国籍旅客带进物品限量表”（表3-3）规定，香港、澳门地区居民及因私往来香港、澳门地区的内地居民，可免税携带12度以上酒精饮料限1瓶（0.75升以下）进境；其他旅客可免税携带12度以上酒精饮料限2瓶（1.5升以下）进境。最后按照《中华人民共和国海关行政处罚实施条例》规定，个人运输、携带、邮寄超过规定数量但仍属自用的国家限制进出境物品进出境，未向海关申报但没有以藏匿、伪装等方式逃避海关监管的，海关予以警告，可以处物品价值20%以下罚款，有违法所得的，没收违法所得；构成走私行为的，海关没收走私物品及违法所得，可以并处罚款。因此，旅客携带酒精饮料进境应在规定限量以内，超出规定限量的应主动向海关申报，切勿抱有侥幸心理，更不要试图携带葡萄酒进境转售牟利。

表3-2　中华人民共和国限制进出境物品表

限制进境物品	限制出境物品
1. 无线电收发信机、通信保密机； 2. 烟、酒； 3. 濒危的和珍贵的动物、植物（均含标本）及其种子和繁殖材料； 4. 国家货币； 5. 海关限制进境的其他物品。	1. 金银等贵重金属及其制品； 2. 国家货币； 3. 外币及其有价证券； 4. 无线电收发信机、通信保密机； 5. 贵重中药材； 6. 一般文物； 7. 海关限制出境的其他物品。

表3-3　中国籍旅客带进物品限量表

（中华人民共和国海关总署1996年8月15日修订）

类别	品　种	限　量
第一类物品	衣料、衣着、鞋、帽、工艺美术品和价值人民币1 000元以下（含1 000元）的其他生活用品	自用合理数量范围内免税，其中价值人民币800元以上，1 000元以下的物品每种限1件
第二类物品	烟草制品 酒精饮料	（1）香港、澳门地区居民及因私往来香港、澳门地区的内地居民，免税香烟200支，或雪茄50支，或烟丝250克；免税12度以上酒精饮料限1瓶（0.75升以下） （2）其他旅客，免税香烟400支，或雪茄100支，或烟丝500克；免税12度以上酒精饮料限2瓶（1.5升以下）

续表

类别	品　种	限　量
第三类物品	价值人民币 1 000 元以上，5 000 元以下（含 5 000 元）的生活用品	（1）驻境外的外交机构人员、我出国留学人员和访问学者、赴外劳务人员和援外人员，连续在外每满 180 天（其中留学人员和访问学者物品验放时间从注册入学之日起算至毕业结业之日止），远洋船员在外每满 120 天任选其中 1 件免税 （2）其他旅客每公历年度内进境可任选其中 1 件征税

注：1. 本表所称进境物品价值以海关审定的完税价格为准；
2. 超出本表所列最高限值的物品，另按有关规定办理；
3. 根据规定可免税带进的第三类物品，同一品种物品公历年度内不得重复；
4. 对不满 16 周岁者，海关只放行其旅途需用的第一类物品；
5. 本表不适用于短期内多次来往香港、澳门地区旅客和经常进出境人员及边境地区居民。

3. **小赵总结的第三条不完全正确**。

首先，根据《中华人民共和国限制进出境物品表》，烟和酒属于限制入境的物品。其次，关于具体的限量，根据“中国籍旅客带进物品限量表”对烟草制品的规定，香港、澳门地区居民及因私往来香港、澳门的内地居民，可免税带进香烟 200 支，或雪茄 50 支，或烟丝 250 克；其他旅客可免税带进香烟 400 支，或雪茄 100 支，或烟丝 500 克。而当天多次往返港澳或在 15 天内往返港澳超过 1 次的旅客只能免税带进香烟 40 支。因此，前往港澳地区与国外，可免税带进的香烟数量有所差异，而且根据进出境的频率差异，香烟的免税额度也有不同。携带超出规定限量香烟的旅客应该主动向海关申报。

4. **第四条小赵的总结不完全正确**。

烟酒是世界各国（地区）海关常见的管制物品，各国（地区）对烟酒有不同的进境限制，出境旅行前请提前了解该国（地区）海关对烟酒的监管规定。对于进入中国香港的旅客，根据中国香港海关现行的《旅客携带烟酒入境数量规定》（2010 年 8 月 1 日生效），凡年满 18 岁的旅客，可以免税携带下列烟草产品进入中国香港，供本人自用：19 支香烟；或 1 支雪茄，如多于 1 支雪茄，则总重量不超过 25 克；或 25 克其他制成烟草。同时，中国香港海关对饮用酒类也有相关入境规定，凡年满 18 岁的旅客，可以免税携带 1 升在摄氏 20 度的温度下度量所得酒精浓度以量计多于 30% 的饮用酒精进入中国香港，供其本人自用。旅客如没有遵守有关规定，可遭检控或罚款。

第二节　现金与黄金

国庆长假第一天，去香港的人一早就在罗湖口岸排起了长队，小赵和未婚妻也在排队的人流中。尽管排队的人很多，也许要等一两个小时才能过关，但是小赵没有丝毫的厌烦，他紧紧拉着未婚妻小王的手，心里充满了甜蜜。

秋天是收获的季节，小赵和小王两年的恋爱长跑，终于收获了爱的果实。就在上星期，小赵在海边用 99 支点燃的蜡烛围成两颗连在一起的心，向小王求婚，寓意两人的爱情能够长长久久。小王含羞说出“yes”的那一刻，小赵心情激动得不能自抑，恨不得让全世界都知道——“我们要结婚啦!”

小赵远在长春的父母听到这一消息，乐得合不拢嘴，当即给他汇了钱，说是要给媳妇买点珠宝首饰。听说香港的黄金首饰价格要比内地便宜得多，这不，小赵怀揣 10 万元人民币，手牵未婚妻，打算利用这次假期去香港 Shopping。

小赵通过了边防检查，走进海关查验区。一名海关关员拦下了小赵："先生，您好！请接受海关检查。"

小赵皱了皱眉，想想自己也没带什么东西，就十分配合地把自己随身背包放在查验台上，说："我就带了一个小包，随便查，没问题。"

海关关员一边查看小赵的背包，一边询问："先生，请问您有没有需要向海关申报的物品？"

小赵说："没有什么东西需要申报的，我只带了10万块钱，正准备去香港买点金银首饰之类的东西。"

"先生，您不能携带这么多现金出境。"关员对小赵说。

小赵闻言，指指身边的小王说："我们是两个人，10万块也不多，买几对金手镯，再买点戒指项链之类的东西就差不多了。"

关员耐心地说："两个人也不行。根据相关规定，进出境的旅客每人每次可携带2万元人民币，超过部分应向海关申报，海关予以退运。您跟这位小姐两人一共可以带4万元人民币出境，其余6万元作退运处理。"

小赵一听，急了："退运是什么意思，是要没收吗？"

关员笑着说："先生，您误会了。货币退运不是没收，而是将您超带的货币退回境内，存到指定的银行中，简单点说就是指您不能将超带的6万元带到香港去。"

听了关员的解释，小赵松了一口气，不是没收就好，但钱被扣下来的话，这次去香港的目的就没办法达到了，于是问道："只能带4万元的话，我去香港买东西根本不够啊，把钱换成港币可以带吗？"

关员查看了小赵的进出境记录，回答道："根据规定，出境人员可以携带不超过其最近一次入境时申报外币现钞数额的外币出境；如果上一次入境时没有申报记录的话，像您这样15天内没有进出境记录的旅客，可以携带等值美金5 000元出境，按照目前的汇率折算成港币大约是3.8万元。”

小赵很是郁闷：“2万人民币加上3.8万港币，如果只是买一点金饰是差不多了，那如果我想带多一点钱的话，有什么办法吗？”

关员解释道：“您如果确实需要携带大量外币现钞出境，金额在5 000美元至10 000美元间的，需要向银行申领携带证；超过10 000美元的，需要向存款或购汇银行所在地国家外汇管理局申领携带证，海关凭携带证验放。”

小赵惊叹：“这么麻烦！那我可以带银行卡出境吗？”

关员回答：“可以的，您可以携带银行卡或者旅行支票。”

在等待关员办理手续的时候，小赵突然想到一个新问题，又问道：“不好意思，再问一下，从香港回内地，可以带多少钱呢？是不是和出去的规定是一样的？”

关员解答道：“根据规定，您在入境时可以携带人民币2万元；如果需要携带外币现钞入境，超过等值5 000美元以上，就要向海关书面申报了。也就是说不管入境还是出境，都是只能带2万元人民币，但外币入境是没有金额限制的，只要申报就可以了。”

听到这里，小赵又有了新的疑惑：“听你这么说，人民币和外币的管理规定好像很不一样，如果我需要带钱进出境的话，是不是只能选择带人民币或是外币中的一种呢？”

关员笑了笑：“您只说对了一半，旅客携带人民币、外币进出境的管理规定确实不同，但是……”

说到这里，关员话锋一转：“您可以同时携带人民币和外币，只要数额都在规定的限量之内就行啦！”

“快截住他！”正在关员给小赵办理海关手续和答疑解惑的时候，一旁传来另一名海关关员大声的呼喊。

小赵抬起头，只见罗湖口岸汹涌的人潮中，一名戴着鸭舌帽的年轻男子正向罗湖桥香港方向狂奔，两名海关关员在后追赶。“鸭舌帽”

在拥挤的人流中狂奔了数十米，快跑到罗湖桥头时，被前来协助堵截的警察和海关关员一起按住了。

原来“鸭舌帽”在经过海关查验区时，海关关员要求他停下接受海关检查，他非但没有停下来，反而突然拨开人群，迅速向香港方向跑去，看样子是想强行冲关了。海关关员将“鸭舌帽”带回来后对他进行检查，很快就发现“鸭舌帽”冲关的原因了，原来他在腰上绑了30万港币。

看着小赵目瞪口呆的样子，关员说：“对他这种超带货币，不仅不按规定向海关申报，还企图通过冲关这种方式逃避海关监管的行为，已经涉嫌走私，他带的钱很可能要被没收。”

“这么严重!”小赵吓了一跳，感觉自己对海关的规定了解得实在太少了。他突然想起自己这次去香港的主要任务，便坦诚地对关员说：“实不相瞒，我们去香港主要是打算买结婚用的黄金首饰，请问带黄金首饰回来有什么特别规定吗?”

关员礼貌地说：“先恭喜你们啦！是这样的，旅客携带金银入境，重量超出50克必须向海关申报，而且如果数量上超过自用合理数量的话，是需要按照货物进行报关的。”

“原来是这样，谢谢你!”

办完海关手续，小赵和小王决定将到香港购物的计划推迟到第二天。“早知道是这样的话，真是不该多此一举把钱取出来啊。”小赵后悔地跟小王说。

第二天，天空格外晴朗，小赵和小王轻装通过边检，来到海关查验区。

“先生，您好！请接受海关检查。”还是昨天那名彬彬有礼的海关关员。

“这一次，我可真是什么都没带啦！噢，只带了张银行卡，哈哈!”小赵开心地对海关关员说。

到香港铜锣湾的珠宝店，小赵给小王挑选了两对金手镯、一根金项链和一对耳环，两人特意计算了一下，这些金首饰一共97克。

“这次过关肯定没有问题了！”小赵得意地说，“我们今晚回去写个攻略吧，给其他的网友们做个参考。”

小赵攻略

1. 带现金进出境需要向海关申报，这点很重要，否则会被海关处罚，钱还有可能被没收哦。

2. 人民币不管出境还是入境都只能带2万元。

3. 外币进出境规定比较复杂，需要分开说：

（1）入境：外币可以随便带，只要向海关申报就可以了。大家如果还需要将钱带出境外，一定要记得申报哦，因为出境的时候海关最多可以让你按照入境时申报的金额带钱，所以出境的时候可以带多少钱就取决于这一次申报啦！

（2）出境：入境时有申报的，可以带入境时候申报数额的外币；没有申报的，可以带折合美金5 000元的外币；超过5 000美金的，需要向银行申请携带证；超过10 000美金的，需要向外汇管理局申请携带证，没有携带证的话，海关是不会让带的，要退回境内，当然，前提是你有申报。

4. 不管出境还是入境，带银行卡最方便，海关对银行卡没有限制，带旅行支票据说也可以。

5. 去香港买金银首饰的话，一个人只能带50克哦。

海关点评

小赵的攻略基本准确，对携带货币进出境的规定都有总结。货币属于国家限制进出境物品，同时，国家对人民币和外币的管理也不相同。

1. **第一条关于申报，小赵的总结正确**。

旅客携带超出限额的货币进出境，应向海关申报，海关予以退运；不按规定申报的，根据《中华人民共和国海关行政处罚实施条例》有关规定予以处罚。

2. **第二条关于旅客携带人民币进出境，小赵的总结正确**。

中国公民进出境，外国人进出境，每人每次携带的人民币限额为20 000元。

3. **第三条关于旅客携带外币进出境，小赵能够将进境、出境分别总结，这点很好，但不完整**。

海关对短期多次往返及当天多次往返的旅客携带外币进出境有特别的监管规定。

（1）入境

入境人员携带外币现钞入境，超过等值 5 000 美元的应当向海关书面申报，当天多次往返及短期内多次往返者除外。

（2）出境

①出境人员携带外币现钞出境，凡不超过其最近一次入境时申报外币现钞数额的，海关凭其最近一次入境时的外币现钞申报数额记录验放。

②上一次入境没有申报或是携带货币超出申报金额的，出境人员可以携出金额在等值 5 000 美元以内（含 5 000 美元）的外币，当天多次往返及短期内多次往返者除外。

③出境人员携出金额在等值 5 000 美元以上至 10 000 美元（含10 000美元）的，应当向银行申领携带证。出境时，海关凭加盖银行印章的携带证验放。对使用多张携带证的，若加盖银行印章的携带证累计总额超过等值 10 000 美元，海关不予放行。

④出境人员携出金额在等值 10 000 美元以上的，应当向存款或购

汇银行所在地国家外汇管理局各分支局（以下简称外汇局）申领携带证，海关凭加盖外汇局印章的携带证验放。

⑤当天多次往返及短期内多次往返的进出境人员携带外币现钞出境按以下规定验放：

当天多次往返的进出境人员，当天内首次出境时可携带不超过等值5 000美元（含5 000美元）的外币现钞出境，不需申领携带证，海关予以放行，携出金额在等值5 000美元以上的，海关不予放行；当天内第二次及以上出境时，可携带不超过等值500美元（含500美元）的外币现钞出境，不需申领携带证，海关予以放行，携出金额超过等值500美元的，海关不予放行。

短期内多次往返的进出境人员，15天内首次出境时可携带不超过等值5 000美元（含5 000美元）的外币现钞出境，不需申领携带证，海关予以放行，携出金额在等值5 000美元以上的，海关不予放行；15天内第二次及以上出境时，可携带不超过等值1 000美元（含1 000美元）的外币现钞出境，不需申领携带证，海关予以放行，携出金额超过等值1 000美元的，海关不予放行（表3－4）。

4. **第四条关于携带银行卡进出境，小赵的总结正确**。

进出境人员携带汇票、旅行支票、国际信用卡、银行存款凭证、邮政储蓄凭证等外币支付凭证及政府债券、公司债券、股票等外币有价证券进出境，海关暂不予以管理。

5. **第五条关于旅客携带金银饰品入境，小赵的总结不完全正确**。

进境旅客携带金银，数量不受限制，但重量超出50克必须向海关申报。在自用合理数量范围以内的，海关查验放行；超出自用合理数量范围的，视同进口货物，要向海关交验中国人民银行总行的批准件，由海关依照《中华人民共和国海关进出口税则》予以征税放行。

表 3-4　旅客携带外币出境限量表

外币限量 通关情形 旅客类型	持入境申报单	无申报无携带证	持银行制发携带证	持外汇局制发携带证
普通旅客	申报数额	等值 5 000 美元	等值 10 000 美元	10 000 美元以上
短期多次往返旅客（15 天内首次出境）	申报数额	等值 5 000 美元	等值 10 000 美元	10 000 美元以上
短期多次往返旅客（15 天内第二次及以上出境）	申报数额	等值 1 000 美元	等值 10 000 美元	10 000 美元以上
当天多次往返旅客（当天首次出境）	申报数额	等值 5 000 美元	等值 10 000 美元	10 000 美元以上
当天多次往返旅客（当天第二次及以上出境）	申报数额	等值 500 美元	等值 10 000 美元	10 000 美元以上

第三节　来自英国的古董

小赵的舅舅在英国买了一栋别墅，有 100 多年的历史，据说是一个没落贵族的祖屋。别墅本身很坚固，不过里面的装修太陈旧了，重新装修是必不可少的。作为一名优秀的设计师，小赵理所当然承担起装潢设计的重任。

在对地下室进行清理的过程中，小赵在一个木箱里发现了十多个样式古朴的青花碗，“不像是现代工艺，况且英国人吃饭一般也不用碗，难道是来自中国的古董?”小赵和舅舅很是惊奇。“碗筷是中国的传统餐具，国内的专家应该更熟悉，我正好认识一个老专家，可以让他帮忙鉴定一下，但是我正在跟进一个重要项目，走不开，能不能辛苦你走一趟?”舅舅对小赵说。“没问题，保证完成任务!”小赵爽快地答应下来。

在回国的路上，小赵特意上网查了一下文物进出境的相关问题，发现文物是可以入境的，需要重新携带出境的话就要在海关办一下申报手续。下了飞机，小赵直奔海关申报台而去。“你好！我带了一个可能是文物的东西，要拿到上海去鉴定，请问需要办理什么手续?”小赵向海关关员咨询。

海关关员微笑着说：“请问您是否需要复带出境？如果不需要复带出境，海关将按照自用合理数量的原则进行验放；如果需要复带出境，海关将按照暂时入境文物有关规定办理手续。”

“不管鉴定结果如何，我都要带回英国的。”小赵说着就把青花碗拿出来。“好的，请按要求填写申报单。”海关关员利索地拿出一张申报单让小赵填写，并对青花碗进行了验核。

对小赵填写的申报单审核完毕后，海关关员拿出一个信封，将申报单装进里面封好，在封口处盖上印章后在信封正面写上“国家文物进出境审核上海管理处”。接着，海关关员拿出一张长长的封条，要对青花碗施加封条。这时候遇到一个难题，小赵为了安全，直接把碗放在行李箱的衣服中间，没有准备包装工具，海关关员又不能直接把封条贴在碗上，把整个行李箱给封了也不妥。

“这怎么办啊？能不能帮忙想想办法？我还要赶着去上海呢。”小赵向海关关员求助。海关值班科长了解情况后，二话不说，立刻派一名关员前往口岸外面的商店买了一盒饼干回来，把饼干拿出来，饼干盒用来装青花碗，最后在饼干盒上贴上封条。

等封条的胶水干了以后，海关关员将装着申报单的信封递给小赵，说：“这是我们制作的关封，请连同青花碗一同带到国家文物进出境审核上海管理处，另外要注意保护饼干盒上的封条，在交付文物局进出境审核管理处验核前不能损毁，祝您一路顺风。”向海关关员致谢后，小赵高高兴兴地坐上了前往上海的高铁。

到了国家文物进出境审核上海管理处，办完有关文物临时入境手续后，小赵就直接奔赴老专家的住处。非常不巧，到地方后小赵被告知，老专家正好去深圳参加一个研讨会，昨天才走，要2周后才能回来。但是，鉴于公司业务问题，小赵不能在国内等待这么久。经过电话沟通，小赵决定前往深圳找老专家鉴定。幸运的是，小赵没有白跑，经过鉴定，青花碗是中国元代的产品，还是官窑的，品质很高。

在向舅舅汇报了好消息后，小赵就准备回英国了。由于身在深圳，小赵决定经中国香港乘坐飞机前往英国。在皇岗口岸旅检出境大厅海关申报台，小赵拿出青花碗对海关关员说：“你好，这是我上周入境时申报过的青花碗，现在我要带回英国，请帮忙办理手续。”

海关关员礼貌地说：“请出示进出境证件和国家文物局文物进出境审核管理处开具的文物出境许可证。”

“文物出境许可证？”小赵突然想起来，当时在国家文物局文物进出境审核上海管理处办理临时入境手续的时候，那个工作人员提醒自己，鉴定完毕后要回到上海办理出境手续，但现在从中国香港飞往伦敦的机票都买好了，再回上海不太方便，小赵就跟海关关员说：“麻烦你查一下我的入境记录，入境时我办理过登记手续，而且青花碗上面有一个火漆印，证明这个就是我当时带回来的东西，能否简化手续，直接办理出境手续？”

海关关员摇头道：“很抱歉，根据规定，暂时进境文物复运出境时，海关凭国家文物局文物进出境审核管理处开具的文物出境许可证和文物出境火漆标志放行。由于您无法提供上述火漆标志和许可证，所以这只青花碗不能出境，不过因为您主动申报，所以这个青花碗作退运处理，请您在3个月内带回国内。”

小赵灵机一动，说：“那如果这个青花碗不是从国外带回来的，而是我祖传的东西，我要带自己的东西出国，你们不能拦着我吧！”

海关关员笑着说：“私人携带、托运或邮寄旧存文物出境，要向北京、天津、上海、广东和国家文物局指定的国家文物局进出境审核管理处办理文物出境鉴定，经鉴定允许出境的文物，标明火漆标志，发予文物持有者文物出境许可证，由海关查验放行；由于您无法出具文物出境许可证，且文物上没有出境火漆标志，即使这个青花碗真是您祖传的，也不能直接携带出境。”

听到海关关员的解答，小赵彻底没辙，都怪自己不长记性，现在赶紧把机票退掉，去上海办出境手续，不然误了下周的会议就不好了。

小赵攻略

1. 从境外带文物入境，如果还要带到国外的，一定要在入境时向海关申报；肯定不会带回国外的可以不申报，但计划赶不上变化快，建议大家还是申报一下为好。

2. 文物要找个东西装起来，而且包装的形状最好规则点，便于海关粘贴封条，这可以节省很多时间，避免不少麻烦。

3. 办完入境申报手续后，一定要先去国家文物局文物进出境审核管理处办理文物临时进境手续，出境前千万记住要先办好出境手续，就是盖火漆印并且拿到文物出境许可证。

4. 不管是从国外带回来的文物还是祖传的文物，如果要带到国外，都需要文物出境火漆标志和文物出境许可证，如果没有这两个凭证，是过不了海关的。

5. 如果入境时忘记申报，确实没有办法拿到文物出境许可证，那就碰运气吧，说不定可以蒙混过关，被查到的话最多就是退回国内而已。

海关点评

小赵的攻略总体上比较到位，关于文物通关的流程和要求都基本齐全，但文物由于其性质的特殊性，携带或邮递出境时必须向海关申报，不要有侥幸心理，否则恐将因小失大。

1. **第一条小赵的总结正确**。

需要复带出境的文物，旅客入境时应主动向海关申报；旅客携带、托运和个人邮寄文物（含已故现代著名书画家的作品）出境，必须向海关申报。

2. **第二条小赵的总结正确**。

在办理暂时入境手续时，海关将对文物施加封条，形状规则且坚固的容器有利于封条的粘贴。此外，海关施加的封条在文物送到国家文物局文物进出境审核管理处前不能毁损；进境时未申报或海关封志出现破损的，国家文物局文物审核管理处将不予办理文物临时进境登记。

3. **第三条、第四条小赵的总结正确**。

文物出境，海关一律凭国家文物局文物进出境审核管理处开具的文物出境许可证（图 3－1）和文物出境火漆标志验放。私人携带、托运或邮寄旧存文物出境，仅限于向北京、天津、上海、广东和国家文物局指定的国家文物局进出境审核管理处办理文物出境鉴定。

4. **第五条小赵的总结错误，要引起特别注意**。

携运、邮寄文物出境，不向海关申报的，不论是否藏匿，均属走私行为。

中华人民共和国文物出境许可证

留存　　　　　　　　　　编号：

<table>
<tr><td rowspan="3">携运人</td><td>姓名
（名称）</td><td colspan="5"></td><td>国籍</td><td></td></tr>
<tr><td>证件类型</td><td colspan="2"></td><td>证件号码</td><td colspan="4"></td></tr>
<tr><td>住所</td><td colspan="4"></td><td>电话</td><td colspan="2"></td></tr>
<tr><td rowspan="3">出境文物</td><td>名称</td><td></td><td>年代</td><td></td><td>质地</td><td></td><td>级别</td><td></td></tr>
<tr><td>尺寸</td><td></td><td>出境
海关</td><td></td><td>出境
目的地</td><td colspan="3"></td></tr>
<tr><td>临时
进境
时间</td><td></td><td colspan="2">临时进境
登记表编号</td><td colspan="4"></td></tr>
<tr><td colspan="9">（照片）</td></tr>
<tr><td>审核
人员
签字</td><td colspan="8">责任鉴定员：</td></tr>
<tr><td>审核
机构
意见</td><td colspan="8">年　月　日</td></tr>
<tr><td>备注</td><td colspan="8"></td></tr>
</table>

本许可证在　　年　月　日之前有效。　　　　中华人民共和国国家文物局

图3－1　中华人民共和国文物出境许可证

第四节　他的象牙和我的红珊瑚

随着台湾不断开放大陆游客赴台旅游政策，越来越多的大陆游客有机会目睹宝岛台湾的风采。小赵和未婚妻小李早早就开始计划趁着国庆黄金周到台湾去逛一圈。小赵选了一家口碑很不错的旅行社，然后报名办理签证，并且在网上搜集了不少关于台湾旅游的攻略。

黄金周转眼就到了，小赵和小李高高兴兴地出发了。几天下来，两人玩得非常开心，既品尝了台湾特色的风味小吃，领略了台湾的自然美景和风土人情，返程时还带了一些台湾特色食品和小礼品，准备送给亲朋好友。

在厦门高崎机场，刚下飞机的小赵和小李同团友们一起排队过关，这边刚把行李从 X 光行李检查机上拿回来，那边就有一名海关关员拦住了他们："你们好，请出示证件，行李箱里有一些项链吗?""是啊，台湾买的红珊瑚项链，还不便宜呢。不过不到 5 000 元，应该不用征税吧！我可是知道海关有 5 000 元免税额规定的哦。"小赵一边掏出证件递给海关关员，一边笑呵呵地说。另一名关员接过两人的证件，对他们说："两位请带好行李物品，跟我过来，要打开行李箱检查。"

刚进入查验区域，小赵和小李就听到一阵吼声："凭啥不让俺带，这可是俺的非洲朋友送给俺的，俺一定要带走，俺都告诉俺孩儿了，俺孩儿在家等着俺送他的东西呢!"只见一名肤色黝黑的中年男子正脸红脖子粗地冲着查验关员吼叫，他面前的查验台上，摆放着五六个象牙手镯和四五条象牙项链。

查验关员面带微笑，等对方的连珠炮发完了，和气地说："这位先生，您先别激动，听我给您解释下行吗?"

"中，你说吧!"中年男子余怒未消。

“濒危动植物和它们的制品是不能随意进出境的，这些手镯和项链都是非洲象的制品，有些人为了获得象牙制品就去猎杀大象，使地球上大象数量减少很快，如果不保护，过不了多少年大象就灭绝了，成龙不是都在电视上说‘没有买卖就没有杀害’吗?”

“那为什么在非洲当地就不管呢?我离开非洲时，那边海关也没说啥啊。”

“因为经济或政治方面的原因，每个国家在这方面的规定都可能不一样。”

“哎!”中年男子叹气，若有所思地低下了头，片刻后突然抬起头说：“中，我相信你，是我不懂法律，那现在该咋办?”

“你带的这些象牙制品，数量已经达到了立案标准，我们要立案处理，移交给缉私部门。”关员说。

“俺这就是走私了?要判几年?俺老婆孩儿都在家等着俺回去呢!家里全靠俺在非洲挣钱养家，这以后可咋办啊!”说着说着，他竟然呜呜地哭起来。

“大兄弟，别哭，不怕!”查验关员轻拍他的肩头，“你这个案件现在还不能说是走私，缉私部门会调查清楚的，到时候你配合办案人员查清情况就可以了!”

“真的吗?那俺谢谢你了!”中年男子紧紧地握住关员的手，破涕为笑。

“上个月我们查到一名旅客带了几十张鳄鱼皮，他是专门倒卖这些东西的，现在已经被拘留，过几天就要上法院开庭审理了，所以啊，你也要告诉你的工友们，以后别带这些濒危动植物制品了。”查验关员认真地说。

“谢谢啊，谢谢你，俺以后再也不带这些野生动物制品了，俺也一定告诉俺的工友!”中年男子千恩万谢，跟着另一名关员离开了查验区域。

“你们好，请把行李箱拿到这里打开。”小赵这才回过神，看见查验关员正对着自己招手，脸上挂满了微笑。

小赵和小李非常配合地把行李箱搬到查验台上并拉开链子，查验关员拿出行李箱里面的5条项链问小赵：

“您这些物品是在哪里买的?”

“在台湾旅游的时候买的，5条红珊瑚项链才1万台币，折合2 000多元人民币，应该不用征税吧?”

“有发票或者收据吗?”

“这个真没有，在路边的小店里买的。”

查验关员仔细地检查完其他行李物品，没有发现票据。

“有什么问题吗?”小赵担心地问。

“红珊瑚制品也是受保护的濒危野生动植物制品。”关员一边说一边仔细地观察手上的项链。

“啊？那也要像刚才那位先生一样，移交给缉私部门?”小赵焦急地问。

“如果是真的红珊瑚，这些也是要移送缉私部门的，可是……”

“可是什么啊?”

“真的只要1万台币吗?”

“是啊！本来1万台币只给4条，我俩好说歹说拼命砍价，卖家才答应给了5条，不信你问问她。”

“是啊！是啊!”小李在旁边连连点头。

“通过刚才的观察，我相信你们说的话。你们知道吗，真的红珊瑚每公斤要40多万人民币，你这个价格和真的悬殊太大了。另外刚才我们仔细看了看你们的项链，和我们以前查到的红珊瑚制品有明显区别。”

“原来是这样啊，难道我买到假货了?”小赵沮丧地说。

“塞翁失马，焉知非福，如果带着真的红珊瑚制品过关，那不就是违法了吗？那样就得不偿失了。”小李轻声安慰小赵。

“其实，去旅游顺便带些纪念品回来，送给亲戚朋友是正常的，这些纪念品的纪念意义远远大于物品价值，以后记得不要携带濒危动植物及其制品进出境。好了，查验完毕，一切正常，你们可以离开了，这是你们的证件，请拿好。”查验关员边说边双手递上了两人的证件。

回到家，小赵拿着一条红珊瑚项链想，原来濒危动植物不能随便进出境的，但是很多人都不知道，不如写个攻略发到网上，让大家都了解一下，否则很多人违法了还不知道怎么回事呢。

小赵攻略

1. 出去旅游前，如果计划要买动植物制品，最好先上网查一下有关资料，确定要买的东西是否属于濒危野生动植物或者国家保护动植物。

如果属于濒危野生动植物种或者国家保护动植物，那就不要买了，因为回来被海关查到的话，会被没收，严重的还有可能要坐牢。好像有个什么国际公约，有一些对濒危物种的说明，大家可以看一下。

2. 买一些类似动植物制品的东西，最好准备好相关购物单据和商店提供的产品说明，万一被海关查到的话可以说清楚。

海关点评

小赵对携带濒危野生动植物及其制品进出境的攻略基本正确，但是有个别提法不够准确。

1. **第一条小赵的总结基本正确。**

《濒危野生动植物种国际贸易公约》（Convention on International Trade in Endangered Species of Wild Fauna and Flora）于1973年3月3日在美国华盛顿签署，1975年7月1日起正式生效，我国于1984年加入

该公约。该公约附录中的物种，是海关执法的重要参考。旅客如果不清楚所携带物种是否属于《濒危野生动植物种国际贸易公约》附录的物种或者属于国家保护动植物，可以先联系国家濒危物种进出口管理办公室或其各地办事机构咨询了解。

一般情况下濒危野生动植物及其制品是禁止出境和限制进境的，如有特殊需要进出口时，必须经中华人民共和国濒危物种进出口管理办公室申请允许进出口证明书，并在有效期内使用，海关凭允许进出口证明书验放；没有取得证明书或者物证不符的，海关不予放行。

2. **第二条小赵的总结不准确**。

根据《中华人民共和国进出口动植物检疫条例》的规定，携带动植物、动植物产品和其他检疫物进境的，进境时必须向海关申报并接受口岸动植物检疫机关检疫。海关应当将申报或者查获的动植物、动植物产品等交由口岸动植物检疫机关检疫。未经检疫的，不得携带进境。因此，就算所携带的动植物或其产品不属于濒危野生动植物，也要主动申报接受检疫。

典型案例 2013 年“五一”前夕，北京海关查获活体蜘蛛 400 余只和昆虫类活体动物 100 余只。此次查获的活体蜘蛛疑似濒危物种和珍稀物种，其中一些品种具有较强攻击性和毒性。这些活体蜘蛛和昆虫从欧洲某国进境，用湿纸及塑料盒包装夹藏，申报品名为玩具，具有明显的伪报特征。根据相关规定，北京海关已将上述物品予以暂扣，移交相关部门进一步鉴定和处理。

2013 年 4 月，长春海关隶属延吉海关驻邮局办事处在对进境邮件查验时，在一来自境外申报品名为“布料”的邮包内查获疑似红豆杉树苗1 000株。经国家林业局野生动植物检测中心鉴定，确定该 1 000 株树苗为国家一级濒危植物红豆杉。

2013年5月8日，拱北海关在珠海横琴口岸查获一起土沉香走私案，在入境货车车体大梁底部暗格内查获5箱土沉香，毛重145公斤。该案为拱北海关近年来查获的最大宗土沉香走私案。目前，该案正作进一步调查处理。

法律链接 《中华人民共和国濒危野生动植物进出口管理条例》第26条，《中华人民共和国刑法》第151条，《中华人民共和国野生动物保护法》第36条，《中华人民共和国野生植物保护条例》第25条规定，《中华人民共和国海关行政处罚实施条例》第9条、第19条、第20条。

案例分析 物以稀为贵，走私濒危动植物的利润相当可观，是仅次于军火的全球第二大走私。一些国家或地区自古以来就有着利用某些动植物产品作为装饰或用于宗教等方面的传统，比如说亚洲的象牙雕刻、佛教的香道文化等。随着人民生活水平的日益提高，一些濒危动植物还成为饲养或栽培的玩物。但是，受环境改变及需求量增加等因素的影响，其中一部分品种如今已被列入相应的保护名录，严禁进行商业性贸易甚至是禁止一切贸易行为。综观全国海关查获的案例，大部分人是由于缺乏对相关政策的了解，无意中触碰了法律法规；一些人则是抱着猎奇和侥幸心理，满足自己的占有欲而明知故犯；更有甚者充当着贩运者的角色，为非法动植物交易的买卖双方牵线搭桥，最终受到了法律的严厉制裁。

一些旅客认为，只要该物种不是我国国家保护的物种就可以携带进出境，这种理解是错误的。《濒危野生动植物种国际贸易公约》附录分为三个保护等级，附录一所列物种禁止一切贸易，附录二禁止商业性贸易，附录三为特定国家提出的适用于本区域的保护级别。上述附录中列明物种在我国没有分布的，其适用的国际保护级别视同于我国的对应保护等级。

非法进出口野生动植物或者其产品的，由海关依照《中华人民共和国海关法》的规定处罚。情节严重构成犯罪的，依照刑法关于走私罪的规定追究刑事责任。

小贴士 除了我们熟知的象牙、犀角、虎骨等制品禁止携带进出境以外，还有一些平日里司空见惯的动植物也同样受到法律保护，包括其活体及制品。例如，干海马、玳瑁首饰、蛇皮、鳄鱼皮包、兰花、紫檀木工艺品，以及不太常见的如穿山甲鳞片、蛇胆、砗磲、珍贵动物皮毛等。

第五节　从国外带药品回国

提着行李箱走下飞机，小赵的心情格外好。在意大利经过三个多月的合作开发，项目的研发终于完成了最重要的一个环节，小赵觉得这次评职称应该是十拿九稳了。

通过了边防检查，正要往外走，一名海关关员拦下了小赵：“先生您好，请前往这边接受海关检查。”

哦，原来是海关检查，对于经常出国的小赵来说，这是一件非常正常的事情，而且自己也没有带违禁品，所以很配合地走过去。

来到海关检查区，小赵按照海关关员的要求打开了行李箱。经过检查，海关关员指着小赵行李箱里的 3 瓶药问道：“先生，请问您携带的是什么药品？”

看着这 3 瓶药，小赵突然想起来，这是帮三姨带的抗癌药，三姨的一个亲戚患了癌症，在国内治疗一直没有好转的迹象，听说小赵在意大利做项目，就让小赵帮忙带几瓶抗癌药回来，希望有所帮助。

小赵礼貌地回答道：“这是帮一个亲戚带的抗癌药，就 3 瓶，也就一个月的疗程，应该没有违法吧？”

海关关员拿起药品看了一下，说：“请问您有购买的票据和医生处方吗？”

小赵从行李箱的一个口袋中拿出一张药店的销售票据交给海关关员，说：“这是药店开的发票，3 瓶药的价值加起来也就 2 000 多元人民币，因为在意大利这个不属于处方药，所以没有医生处方。”

海关关员拿着发票和药品对比了一下，然后核查了一下药瓶，就将药还给了小赵，微笑着说：“您携带的药品不属于麻醉药品和精神药品等特殊管制物品，而且从价值上看没有超过 5 000 元的免税额，可以直接放行。您收拾好行李物品就可以离开了。”

听完海关关员的话，小赵一边收拾东西，一边问道：“你刚才说我带的药品不属于麻醉药品和精神药品等特殊管制物品，那如果我带的是麻醉药品或者精神药品的话有什么特殊规定吗？”

海关关员回答道：“国家对麻醉药品、精神药品、医疗用毒性药品、放射性药品实行特殊管理。根据规定，因治疗疾病需要，个人凭医疗机构出具的医疗诊断书、本人身份证明，可以携带单张处方最大用量以内的麻醉药品和第一类精神药品；携带麻醉药品和第一类精神药品出入境的，由海关根据自用合理的原则放行。”

“原来这样，我明白了，麻醉药品和精神药品听说有可能让人成瘾，严加管理确实应该。”小赵收拾好行李，准备离开的时候，突然想起来一个新问题，就再次向海关关员问道：“不好意思，再问一个问题，我这次带了 3 瓶药回来，也不知道有没有效果，如果效果好的话，我有可能再带一些回来，数量上可能会更多，要是带 10 瓶、20 瓶甚至 30 瓶，可以正常带回来吗？毕竟去一趟意大利不容易嘛。”

海关关员微笑地回答道："关于旅客携带药品入境，如果药品不属于禁止和限制入境的物品范围，只要在自用合理数量范围内就可以携带，这里说的'自用'指旅客本人使用、馈赠亲友而非为出售或出租，而'合理数量'是指海关根据旅客的情况、旅行目的和居留时间等因素所确定的正常数量。具体到您可以携带药品的数量，要依据当时您进出境的频率、在国外居留的时间、旅行的目的、您亲戚的病情、医生的处方等一系列情况综合考虑，不能一概而论。"

"哦，原来还要考虑这么多情况，那我明白了，谢谢！"小赵向关员致谢后就离开了。

小赵攻略

1. 从国外带药回来，只要在价值 5 000 元人民币以内，都没有问题。

2. 带药品回国要符合自用合理数量的规定，这个规定是一个模糊的东西，要因人而论，自己的情况要自己考虑了，具体规定可以向海关咨询。

3. 不管什么人，带麻醉药品和精神药品回国必须有处方，至于数量，海关是要以处方为依据的，处方写多少就是多少。

海关点评

小赵的攻略有正确的地方，也有因理解偏差而作出的错误归纳。

1. **小赵攻略第一条错误**。

从境外携带药品回国，首先必须符合自用合理数量的原则，然后才是价值的限制。例如，旅客携带价值人民币 5 000 元的感冒药，合计 100 箱，这就是明显超过"自用合理数量"的原则，海关将不予放行；另外，从价值上考虑，即使药品的总价值超过 5 000 元，但如果仍然属于“自用合理数量”范围内，而且不属于禁止和限制入境范围内的，海关将对超出的部分予以征税后放行。假如小赵这次带的 3 瓶抗癌药每瓶价值人民币 2 000 元，则海关将对超出免税范围的第三瓶药进行征税处理。

2. **小赵攻略第二条正确**。

旅客携带从境外获得的物品回国，必须符合自用合理数量的原则，如果旅客对自用合理数量的理解有疑问，可以拨打海关“12360”咨询热线。

3. **小赵攻略第三条错误**。

旅客携带麻醉药品和精神药品回国，如果是自用的，应当有医生的处方；如果是医务人员为了医疗需要携带少量麻醉药品和精神药品出入境的，应当持有省级以上人民政府药品监督管理部门发放的携带麻醉药品和精神药品证明。

另外关于处方注明的数量，应该严格符合国家有关规定，超出规定的处方无效。根据《麻醉药品和精神药品管理条例》，执业医师应当使用专用处方开具麻醉药品和精神药品，单张处方的最大用量应当符合国务院卫生主管部门的规定；而根据《麻醉药品、精神药品处方管理规定》，麻醉药品、第一类精神药品注射剂处方为 1 次用量，其他剂型处方不得超过 3 日用量，控缓释制剂处方不得超过 7 日用量，第二类精神药品处方一般不得超过 7 日用量。对于某些特殊情况，处方用量可适当延长，但医师应当注明理由。

小贴士 国家对麻醉药品和精神药品实行管制，旅客携带麻醉药品和精神药品进出境必须向海关申报，并按规定办理相关手续，否则将承担相应的法律责任。麻醉药品和精神药品的具体种类详见附件。

附件 1

麻醉药品品种目录
（2007 年版）

1. 醋托啡	Acetorphine
2. 乙酰阿法甲基芬太尼	Acetylalphamethylfentanyl
3. 醋美沙朵	Acetylmethadol
4. 阿芬太尼	Alfentanil
5. 烯丙罗定	Allylprodine
6. 阿醋美沙朵	Alphacetylmethadol
7. 阿法美罗定	Alphameprodine
8. 阿法美沙朵	Alphamethadol
9. 阿法甲基芬太尼	Alphamethylfentanyl
10. 阿法甲基硫代芬太尼	Alphamethylthiofentanyl
11. 阿法罗定 *	Alphaprodine
12. 阿尼利定	Anileridine
13. 苄替啶	Benzethidine
14. 苄吗啡	Benzylmorphine
15. 倍醋美沙朵	Betacetylmethadol
16. 倍他羟基芬太尼	Betahydroxyfentanyl
17. 倍他羟基 -3 - 甲基芬太尼	Betahydroxy -3 - methylfentanyl
18. 倍他美罗定	Betameprodine
19. 倍他美沙朵	Betamethadol
20. 倍他罗定	Betaprodine
21. 贝齐米特	Bezitramide
22. 大麻与大麻树脂	Cannabis and Cannabis resin
23. 氯尼他秦	Clonitazene
24. 古柯叶	Coca Leaf
25. 可卡因 *	Cocaine
26. 可多克辛	Codoxime

27. 罂粟秆浓缩物 *	Concentrate of poppy straw
28. 地索吗啡	Desomorphine
29. 右吗拉胺	Dextromoramide
30. 地恩丙胺	Diampromide
31. 二乙噻丁	Diethylthiambutene
32. 地芬诺辛	Difenoxin
33. 二氢埃托啡 *	Dihydroetorphine
34. 双氢吗啡	Dihydromorphine
35. 地美沙朵	Dimenoxadol
36. 地美庚醇	Dimepheptanol
37. 二甲噻丁	Dimethylthiambutene
38. 吗苯丁酯	Dioxaphetyl butyrate
39. 地芬诺酯 *	Diphenoxylate
40. 地匹哌酮	Dipipanone
41. 羟蒂巴酚	Drotebanol
42. 芽子碱	Ecgonine
43. 乙甲噻丁	Ethylmethylthiambutene
44. 依托尼秦	Etonitazene
45. 埃托啡	Etorphine
46. 依托利定	Etoxeridine
47. 芬太尼 *	Fentanyl
48. 呋替啶	Furethidine
49. 海洛因	Heroin
50. 氢可酮 *	Hydrocodone
51. 氢吗啡醇	Hydromorphinol
52. 氢吗啡酮	Hydromorphone
53. 羟哌替啶	Hydroxypethidine

54. 异美沙酮	Isomethadone
55. 凯托米酮	Ketobemidone
56. 左美沙芬	Levomethorphan
57. 左吗拉胺	Levomoramide
58. 左芬啡烷	Levophenacylmorphan
59. 左啡诺	Levorphanol
60. 美他佐辛	Metazocine
61. 美沙酮 *	Methadone
62. 美沙酮中间体	Methadone intermediate
63. 甲地索啡	Methyldesorphine
64. 甲二氢吗啡	Methyldihydromorphine
65. 3 – 甲基芬太尼	3 – methylfentanyl
66. 3 – 甲基硫代芬太尼	3 – methylthiofentanyl
67. 美托酮	Metopon
68. 吗拉胺中间体	Moramide intermediate
69. 吗哌利定	Morpheridine
70. 吗啡 *	Morphine
71. 吗啡甲溴化物及其他五价氮吗啡衍生物	Morphine Methobromide and other pentavalent nitrogen morphine derivatives
72. 吗啡 – 氧化物	Morphine – N – oxide
73. 1 – 甲基 – 4 – 苯基 – 4 – 哌啶丙酸酯	MPPP
74. 麦罗啡	Myrophine
75. 尼可吗啡	Nicomorphine
76. 诺美沙朵	Noracymethadol
77. 去甲左啡诺	Norlevorphanol
78. 去甲美沙酮	Normethadone
79. 去甲吗啡	Normorphine

80. 诺匹哌酮	Norpipanone
81. 阿片 *	Opium
82. 羟考酮 *	Oxycodone
83. 羟吗啡酮	Oxymorphone
84. 对氟芬太尼	Parafluorofentanyl
85. 1－苯乙基－4－苯基－4－哌啶乙酸酯	PEPAP
86. 哌替啶 *	Pethidine
87. 哌替啶中间体 A	Pethidine intermediate A
88. 哌替啶中间体 B	Pethidine intermediate B
89. 哌替啶中间体 C	Pethidine intermediate C
90. 苯吗庚酮	Phenadoxone
91. 非那丙胺	Phenampromide
92. 非那佐辛	Phenazocine
93. 非诺啡烷	Phenomorphan
94. 苯哌利定	Phenoperidine
95. 匹米诺定	Piminodine
96. 哌腈米特	Piritramide
97. 罂粟壳 *	Poppy Shell
98. 普罗庚嗪	Proheptazine
99. 丙哌利定	Properidine
100. 消旋甲啡烷	Racemethorphan
101. 消旋吗拉胺	Racemoramide
102. 消旋啡烷	Racemorphan
103. 瑞芬太尼 *	Remifentanil
104. 舒芬太尼 *	Sufentanil
105. 醋氢可酮	Thebacon
106. 蒂巴因 *	Thebaine
107. 硫代芬太尼	Thiofentanyl

108. 替利定	Tilidine
109. 三甲利定	Trimeperidine
110. 醋氢可待因	Acetyldihydrocodeine
111. 布桂嗪 *	Bucinnazine
112. 可待因 *	Codeine
113. 复方樟脑酊 *	Compound Camphor Tincture
114. 右丙氧芬 *	Dextropropoxyphene
115. 双氢可待因 *	Dihydrocodeine
116. 乙基吗啡 *	Ethylmorphine
117. 尼可待因	Nicocodine
118. 尼二氢可待因	Nicodicodine
119. 去甲可待因	Norcodeine
120. 福尔可定 *	Pholcodine
121. 丙吡兰	Propiram
122. 阿桔片 *	Compound Platycodon Tablets
123. 吗啡阿托品注射液 *	Morphine and Atropine Sulfate Injection

注：1. 上述品种包括其可能存在的盐和单方制剂。
2. 上述品种包括其可能存在的化学异构体及酯、醚。
3. 品种目录有 * 的麻醉药品为我国生产及使用的品种。

附件 2

精神药品品种目录

(2007 年版)

第一类

1. 布苯丙胺	Brolamfetamine (DOB)
2. 卡西酮	Cathinone
3. 二乙基色胺	DET
4. 二甲氧基安非他明	2, 5 – dimethoxyamfetamine (DMA)
5. (1, 2 – 二甲基庚基) 羟基四氢甲基二苯吡喃	DMHP
6. 二甲基色胺	DMT
7. 二甲氧基乙基安非他明	DOET
8. 乙环利定	Eticyclidine
9. 乙色胺	Etryptamine
10. 麦角二乙胺	(+) – Lysergide
11. 二亚甲基双氧安非他明	MDMA
12. 麦司卡林	Mescaline
13. 甲卡西酮	Methcathinone
14. 甲米雷司	4 – methylaminorex
15. 甲羟芬胺	MMDA
16. 乙芬胺	N – ethyl, MDA
17. 羟芬胺	N – hydroxy, MDA
18. 六氢大麻酚	Parahexyl
19. 副甲氧基安非他明	Paramethoxyamfetamine (PMA)
20. 赛洛新	Psilocine
21. 赛洛西宾	Psilocybine
22. 咯环利定	Rolicyclidine
23. 二甲氧基甲苯异丙胺	STP, DOM
24. 替苯丙胺	Tenamfetamine (MDA)
25. 替诺环定	Tenocyclidine
26. 四氢大麻酚（包括其同分异构物及其立体化学变体）	Tetrahydrocannabinol

27. 三甲氧基安非他明	TMA
28. 4 - 甲基硫基安非他明	4 - methylthioamfetamine
29. 苯丙胺	Amfetamine
30. 安非拉酮	Amfepramone
31. 安咪奈丁	Amineptine
32. 2，5 - 二甲氧基 - 4 - 溴苯乙胺	4bromo - 2，5 - dimethoxyphenethylamine（2 - CB）
33. 丁丙诺啡 *	Buprenorphine
34. 右苯丙胺	Dexamfetamine
35. 二甲基安非他明	Dimethylamfetamine
36. 芬乙茶碱	Fenetylline
37. γ - 羟丁酸 *	γ - hydroxybutyrate（GHB）
38. 氯胺酮 *	Ketamine
39. 左苯丙胺	Levamfetamine
40. 左甲苯丙胺	Levomethamfetamine
41. 马吲哚 *	Mazindol
42. 甲氯喹酮	Mecloqualone
43. 去氧麻黄碱	Metamfetamine
44. 去氧麻黄碱外消旋体	Metamfetamine Racemate
45. 甲喹酮	Methaqualone
46. 哌醋甲酯 *	Methylphenidate
47. 莫达非尼	Modafinil
48. 苯环利定	Phencyclidine
49. 芬美曲秦	Phenmetrazine
50. 司可巴比妥 *	Secobarbital
51. δ - 9 - 四氢大麻酚及其立体化学变体	Delta - 9 - tetrahydrocannabinol and its stereochemical variants
52. 三唑仑 *	Triazolam
53. 齐培丙醇	Zipeprol

第二类

54. 异戊巴比妥＊	Amobarbital
55. 布他比妥	Butalbital
56. 布托啡诺及其注射剂＊	Butorphanol and its injection
57. 咖啡因＊	Caffeine
58. 安钠咖＊	Caffeine Sodium Benzoate（CNB）
59. 去甲伪麻黄碱＊	Cathine
60. 环己巴比妥	Cyclobarbital
61. 地佐辛及其注射剂＊	Dezocine and its injection
62. 右旋芬氟拉明	Dexfenfluramine
63. 芬氟拉明＊	Fenfluramine
64. 氟硝西泮	Flunitrazepam
65. 格鲁米特＊	Glutethimide
66. 呋芬雷司	Furfennorex
67. 喷他佐辛＊	Pentazocine
68. 戊巴比妥＊	Pentobarbital
69. 丙己君	Propylhexedrine
70. 阿洛巴比妥	Allobarbital
71. 阿普唑仑＊	Alprazolam
72. 阿米雷司	Aminorex
73. 巴比妥＊	Barbital
74. 苄非他明	Benzfetamine
75. 溴西泮＊	Bromazepam
76. 溴替唑仑	Brotizolam
77. 丁巴比妥	Butobarbital
78. 卡马西泮	Camazepam
79. 氯氮卓＊	Chlordiazepoxide
80. 氯巴占	Clobazam
81. 氯硝西泮＊	Clonazepam

82. 氯拉卓酸	Clorazepate
83. 氯噻西泮	Clotiazepam
84. 氯口恶唑仑	Cloxazolam
85. 地洛西泮	Delorazepam
86. 地西泮 *	Diazepam
87. 艾司唑仑 *	Estazolam
88. 乙氯维诺	Ethchlorvynol
89. 炔己蚁胺	Ethinamate
90. 氯氟卓乙酯 *	Ethyl Loflazepate
91. 乙非他明	Etilamfetamine
92. 芬坎法明	Fencamfamin
93. 芬普雷司	Fenproporex
94. 氟地西泮	Fludiazepam
95. 氟西泮 *	Flurazepam
96. 哈拉西泮	Halazepam
97. 卤沙唑仑	Haloxazolam
98. 凯他唑仑	Ketazolam
99. 利非他明	Lefetamine
100. 氯普唑仑	Loprazolam
101. 劳拉西泮 *	Lorazepam
102. 氯甲西泮	Lormetazepam
103. 美达西泮	Medazepam
104. 美芬雷司	Mefenorex
105. 甲丙氨酯 *	Meprobamate
106. 美索卡	Mesocarb
107. 甲苯巴比妥	Methylphenobarbital
108. 甲乙哌酮	Methyprylon
109. 咪达唑仑 *	Midazolam
110. 纳布啡及其注射剂 *	Nalbuphine and its injection
111. 尼美西泮	Nimetazepam

112. 硝西泮 *	Nitrazepam
113. 去甲西泮	Nordazepam
114. 奥沙西泮 *	Oxazepam
115. 奥沙唑仑	Oxazolam
116. 氨酚氢可酮片 *	Paracetamol and Hydrocodone Bitartrate Tablets
117. 匹莫林 *	Pemoline
118. 苯甲曲秦	Phendimetrazine
119. 苯巴比妥 *	Phenobarbital
120. 芬特明	Phentermine
121. 匹那西泮	Pinazepam
122. 哌苯甲醇	Pipradrol
123. 普拉西泮	Prazepam
124. 吡咯戊酮	Pyrovalerone
125. 仲丁比妥	Secbutabarbital
126. 替马西泮 *	Temazepam
127. 四氢西泮	Tetrazepam
128. 曲马多 *	Tramadol
129. 乙烯比妥	Vinylbital
130. 唑吡坦 *	Zolpiden
131. 扎来普隆 *	Zaleplone
132. 麦角胺咖啡因片 *	Ergotamine and Caffeine Tablets

注：1. 上述品种包括其可能存在的盐和单方制剂（除非另有规定）。

2. 上述品种包括其可能存在的化学异构体及酯、醚（除非另有规定）。

3. 品种目录有 * 的精神药品为我国生产及使用的品种。

第六节　给亲戚带点进口的海鲜和水果

一大早，老赵就和老伴拎着两个大行李箱出门了，一脸的喜色。原来，老赵嫁到香港的女儿小赵刚生了一个大胖儿子，这可是大喜事啊！这不，今天老两口就是去香港探望女儿和刚出生的孙子。行李箱里面装的几乎都是初生小孩用的东西，比如衣服、手织的毛衣、手工做的被子等，还有几只自己养的鸡，当然，鸡已经杀好而且烫熟了，小赵说不能带生肉去香港，否则被查到的话会被检控的。

坐上两地直通巴士，折腾了几个小时，老赵终于来到了女儿家。抱着孙子，老赵笑得合不拢嘴，老伴已经进了厨房开始给女儿煲汤了。由于小赵刚生完孩子，平时基本上都是躺在床上，老赵和老伴又特别心疼女儿，所以自然就把家务都包揽了，老赵还每天亲自去市场给女儿买菜做饭。

快乐不知时日过，转眼间，老赵和老伴的签证就要到期了，虽然很舍不得，但老赵和老伴还是默默地收拾好行李。

在香港住了两个多月，天天买菜，老赵对各种菜价几乎了如指掌，香港的海鲜和水果比内地便宜不少，如澳大利亚大龙虾的价格也就是港币400多元一公斤，车厘子更便宜，25港币可以买到2磅。老赵决定带点大龙虾和车厘子回去给亲戚们尝尝。

由于不是节假日，排队过关的人不多，老赵和老伴很快就通过了边防检查。看到一名海关关员引导前面的人把行李放到X光机上，老赵也跟着把两个大行李箱放上了X光机的传送带。行李过完X光机后，一名海关关员走过来对老赵说："先生您好！请到这边来接受海关检查"。

到了检查区，海关关员示意老赵将行李放到查验台上，礼貌地对老赵说："先生您好，请将行李箱打开，请问您是否带了龙虾和车厘子？"

老赵大吃一惊："你怎么知道的？你们的X光机能看得这么清楚？"打

开行李箱后，老赵从箱子里拿出3只龙虾和2盒车厘子。

“没错，经过X光机检查，我们基本上可以判断您的行李箱内装了什么物品。”海关关员微笑着说，“您携带了龙虾和车厘子入境，按照规定必须向海关申报，由于您没有申报，我们将按规定将龙虾和车厘子移交检验检疫部门处理。”

老赵纳闷了，向海关关员问道：“这个龙虾和车厘子我们是买来自己吃的，而且价格还不到5 000元，不是应该免税的吗？怎么还需要申报呢？”

海关关员礼貌地解释道：“虽然您买的东西不到5 000元，但由于是鲜活水生动物产品和新鲜水果，也应当向海关申报。”

听到这里，老赵有点不高兴了，说道：“我们不知道有这样的规定啊，那现在怎么处理呢？要缴税吗？”

海关关员耐心地解释道：“可能您出境的时候没有留意我们现场的公告栏，在出境大厅，我们设置了很多公告栏，里面就有相关内容。对于您携带的龙虾和车厘子，我们将移交国家检验检疫部门处理。”说完，海关关员开始填单了。

在等候海关关员办手续的过程中，老赵突然想起，香港和内地的燕窝差价还蛮大的，就向海关关员问道：“燕窝属于动物的产品吗？”

海关关员马上回答道：“根据规定，燕窝属于动物产品，而且是禁止入境的物品。”

听完海关关员的解释，老赵总算有点明白了，暗自庆幸没有带燕窝回来，不然损失更大啊。

“先生，请跟我到这边来。”海关关员填完单后，带着老赵到检验检疫局的办公地点，将老赵携带的龙虾和车厘子交由检验检疫局的工作人员处理。

随即，检验检疫局的工作人员对老赵的龙虾和车厘子作出没收的处理。老赵很是恼火，大声对检验检疫局的工作人员喊道：“你们凭什么没收我的龙虾和水果，这些可是我花钱买回来的，花了2 000多块呢，怎么能没收呢？

我最多就是交税咯!”

检验检疫局的工作人员礼貌地对老赵说:“赵先生,请别着急,我现在给您解释,根据《中华人民共和国进出境动植物检疫法》和《中华人民共和国进出境动植物检疫法实施条例》,进境动物源性食品如肉类及其产品(含脏器)、鲜蛋、鲜奶、食用明胶、可食用骨蹄角及其产品、动物源性中药材、特殊营养食品如燕窝等,动物源性化妆品原料,植物源性如各种杂豆、杂粮、茄科类蔬菜等具有疫情疫病传播风险的食品,都必须经过检验检疫后方能入境,因为如果入境的动植物及其制品含有有害生物和有毒有害物质,会对我国的生态系统造成较大的影响,对人体健康也会造成较大的影响,因此,旅客个人携带动物和水果入境是明令禁止的。”

听完检验检疫局工作人员的解释,老赵终于理解,毕竟自己家里也种蔬菜,知道害虫的危害有多么厉害,现在只能怪自己没有了解有关规定了。

老赵攻略

1. 从香港带东西回内地,确实有免税额 5 000 元的说法,但不包括水果和动物。

2. 动物和水果都是不让带的,所以奉劝大家还是不要带这些东西回来,被没收了就只能是自己的损失了。

3. 现在过关行李都要过机的,想蒙混过关的可能性不高,对于那些国家禁止带回来的东西还是不要带了。

4. 燕窝也属于动物制品,同样不能带回来,被查到是要被没收的,大家还是不要带的好。

海关点评

1. **老赵攻略第一条基本正确**。

根据海关的有关规定,居民旅客从境外获取的价值人民币 5 000 元以内的物品可以免税，但照相机、摄像机等20种不得免税的商品不在免税范围内，而且旅客携带入境的物品必须在自用合理数量范围内。另外，旅客对国家明确禁止和限制入境的物品应该有明确的认识，以免因不了解有关规定而产生额外的损失。旅客可以通过海关的门户网站、海关“12360”咨询热线或者各海关业务现场的公告了解通关规定。

2. **老赵攻略第二条不完全正确**。

根据《中华人民共和国禁止携带、邮寄进境的动植物及其产品名录》，动植物及其产品不得携带或邮寄入境，但这里有一些例外，如犬、猫是可以携带入境的，但必须具有输出国家或地区官方机构出具的动物检疫证书和疫苗接种证书，且每人限一只。

通过携带或邮寄方式进境的动植物及其产品和其他检疫物，经国家有关行政主管部门审批许可，并具有输出国家或地区官方机构出具的检疫证书，不受名录的限制。

3. **老赵攻略第三条正确**。

旅客对自己携带入境的物品应当有明确的认识，对于国家明确禁止携带入境的物品应该自觉放弃携带，对于《关于在全国各对外开放口岸实行新的进出境旅客申报制度》（海关总署公告2007年第72号）列明应当申报的物品应该主动进行申报，否则会引起相关法律责任。

4. **老赵攻略第四条正确**。

根据《中华人民共和国禁止携带、邮寄进境的植物及其产品名录》规定，燕窝属于禁止携带和邮寄入境的物品。

附件

中华人民共和国禁止携带、邮寄进境的动植物及其产品名录[1]

一、动物及动物产品类

（一）活动物（犬、猫除外[2]），包括所有的哺乳动物、鸟类、鱼类、两栖类、爬行类、昆虫类和其他无脊椎动物，动物遗传物质。

（二）（生或熟）肉类（含脏器类）及其制品；水生动物产品。

（三）动物源性奶及奶制品，包括生奶、鲜奶、酸奶，动物源性的奶油、黄油、奶酪等奶类产品。

（四）蛋及其制品，包括鲜蛋、皮蛋、咸蛋、蛋液、蛋壳、蛋黄酱等蛋源产品。

（五）燕窝（罐头装燕窝除外）。

（六）油脂类，皮张、毛类，蹄、骨、角类及其制品。

（七）动物源性饲料（含肉粉、骨粉、鱼粉、乳清粉、血粉等单一饲料）、动物源性中药材、动物源性肥料。

二、植物及植物产品类

（八）新鲜水果、蔬菜。

（九）烟叶（不含烟丝）。

（十）种子（苗）、苗木及其他具有繁殖能力的植物材料。

（十一）有机栽培介质。

三、其他类

（十二）菌种、毒种等动植物病原体，害虫及其他有害生物，细胞、器官组织、血液及其制品等生物材料。

（十三）动物尸体、动物标本、动物源性废弃物。

（十四）土壤。

（十五）转基因生物材料。

（十六）国家禁止进境的其他动植物、动植物产品和其他检疫物。

注：1. 通过携带或邮寄方式进境的动植物及其产品和其他检疫物，经国家有关行政主管部门审批许可，并具有输出国家或地区官方机构出具的检疫证书，不受此名录的限制。

2. 具有输出国家或地区官方机构出具的动物检疫证书和疫苗接种证书的犬、猫等宠物，每人仅限一只。

第四章　邮递物品通关

随着我国经济发展和对外交流、贸易的不断增加，国际包裹和函件等邮寄数量也大幅上升。本章将通过八个事例，就收寄件人在收寄国际邮件时应注意哪些事项予以介绍。其中，第一节介绍进境邮件通关有关事项，主要包括邮寄手机进境完税价格的确定和税率的适用，邮寄化妆品、奶粉进境的限值、限量规定，邮寄印刷品、音像制品进境需注意的数量、范围等。第二节介绍出境邮件通关有关事项，主要包括正常邮寄物品出境需办理的手续，邮寄涉嫌侵权物品出境、邮寄中药材、中成药和邮寄文物出境的规定和注意事项，以及可能面临的处罚等内容。

第一节　进境邮件

情景一　邮寄手机进境

一眨眼轻松的大学时代就过去了，面临着找工作的压力，但小赵很快找到了合适的工作，在工作的同时也认识了不少朋友。其中有一个特好的朋友小王突然说自己要去美国了，这突如其来的消息可让小赵心情低落了好一阵，以后又少了一个好朋友跟自己聊天了。临行前，小王对小赵说，如果有什么东西需要他在国外购买，他可以帮忙买了寄回来。

说是这样说，小王去美国有一年多快两年了，但小赵老是怕麻烦，再加上那段时间也没什么特别的东西一定要在国外买，所以也就没找小王。

最近，小赵的手机总是出问题，小赵想这手机也用了挺长时间了，是时候该换新手机了，小赵咨询了一些朋友、同事，又上网研究了一下现在什么手机比较好，朋友、同事们都说要不就不换，要换就换好点的，年轻人嘛要顺应潮流，就换现在大家都喜欢的 IPHONE5 吧，小赵想了想，反正自己也不太喜欢大屏幕的手机，携带不方便，IPHONE5 小小的放口袋里挺方便，而且功能还不错，就买它吧，而且好友小王刚好在美国，可以让他帮忙买一个回来，还能省不少钱呢。于是，小赵查询了一下苹果手机在国外的价格，联系小王，叫他帮忙买 1 部苹果手机寄回国。小王爽快地答应了，在美国的专卖店帮小赵购买了 1 部苹果 IPHONE5 手机，并且通过当地的邮政局邮寄回国。

小赵心想过不了多久就有新手机用了，很开心，立马就打了通电话给国外的小王，"小王啊，谢谢你帮我买了台手机，钱到时候我直接打到你卡上。""不着急，你先拿到手机再说吧。"小王边说边打了个哈欠。这个时候，小赵才想起来时差的问题，挺不好意思地说："自己开心就马上打电话给你，也没想想你那边现在是几点，其实我也没什么事，主要是想谢谢你而已，先不打扰你了，我们回头再聊。"

过了不久，小赵收到邮局打来的电话，工作人员跟他说："请问您是赵先生吗？我这边是邮局，你的邮件已经到了，准备在今天给你送过去。另外，邮件需要缴纳进口税，请你准备好税款。"小赵一听觉得很奇怪，问道："那手机是我让朋友寄来给我自己用的啊，为什么还要缴税？"邮局工作人员答道："详细的我们也不太清楚，你可以打电话咨询海关。"

挂了电话，小赵接着就拨打了海关的咨询热线，海关关员小李接通了电话："您好！这里是海关咨询热线，请问有什么能帮到您的吗？"

小赵说："我想咨询一下我的邮件情况，邮件号码是 EE000000001US。"

“嗯，好的。请您简单描述一下邮件内物品，如物品名称、价值、用途等。”

“是这样的，前些天我叫我国外的朋友给我寄了一部IPHONE5手机回来，那手机是买来自己使用的，折合人民币大概5 000块。我想问的是，这手机属于个人自用物品，而且只有一部，为什么也要征税呢？”

小李答道：“根据《中华人民共和国海关总署2010年第43号公告》规定，个人邮寄进境物品，海关依法征收进口税，但应征进口税税额在人民币50元（含50元）以下的，海关予以免征。您的手机需要征收的税款已超过50元，不予免征。另外，根据《中华人民共和国海关总署2004年第7号公告》规定，电视机、摄像机、电话机、无线寻呼系统、打字机及文字处理机等20种商品不予减免税，海关对其全额征税，手机属于20种商品之一，需要全额征税。”

“哦，那你们是依据什么来确定物品价格的呢？税率是多少？”小赵问。

小李回答：“与进境货物的税率不同，进境物品的税率共有4种，分别是10%、20%、30%、50%，不同物品的税率是不同的。根据最新的《中华人民共和国进境物品进口税率表》和《中华人民共和国进境物品归类表》规定，手机的税率是10%。物品的完税价格则依据《中华人民共和国进境物品完税价格表》进行确定，比如你这次寄进来的IPHONE5手机，属于触屏式手持移动电话机的一种，根据完税价格表，完税价格是需要‘另行确定’的。”

“‘另行确定’是什么意思？”

“‘另行确定’的意思就是指完税价格表未列明此类物品的完税价格，海关按照相同物品相同来源地最近时间的主要市场零售价格确定其完税价格。”

“哦，我明白了，也就是说完税价格表没列明完税价格的物品海关是另行确定的，那完税价格表列明了完税价格的物品呢？海关是一定按照所列明价格进行征税的吗?”

“不一定。如果物品的实际购买价格是完税价格表列明完税价格的2倍及以上,或是完税价格表列明完税价格的1/2及以下的物品,进境物品所有人应向海关提供销售方依法开具的真实交易的购物发票或收据,并承担相关责任。海关可以根据物品所有人提供的上述相关凭证,依法确定应税物品完税价格。”小李回答。

“原来如此啊。那如果我不想缴纳税款呢?能有其他办法吗?”

“如果你觉得缴纳税款后不划算或其他原因不想缴税,可以向邮局申请退运,经海关审核同意后,邮局会把你的邮件退回给国外寄件人的。”

小赵仔细想了想,说:“那我还是缴纳税款把邮件拿了吧。谢谢你啊!”

“不客气。请问还有什么能帮到您的吗?”

“哦,对了!我想请问一下关于寄国际邮件的规定有哪些呢?”

小李仔细答道:“海关关于个人进境物品的规定主要有《海关总署关于调整进出境个人邮递物品管理措施有关事宜的公告》、《海关总署关于修订《〈中华人民共和国进境物品归类表〉及〈中华人民共和国进境物品完税价格表〉的公告》、《中华人民共和国海关进出境印刷品及音像制品监管办法》、《中华人民共和国海关关于〈中华人民共和国知识产权海关保护条例〉的实施办法》、《中华人民共和国禁止、限制进出境物品表》等。你在海关总署的网站上面都能查询到。”

小赵了解清楚后,找邮局工作人员领取包裹并缴纳了税款,兴高采烈地拆开邮包玩起了时尚的新手机,装上了微博、微信,和朋友们分享自己的喜悦。

小赵攻略

1. 叫朋友帮忙在国外寄东西回来自用，除了比较国内外的市场价格外，还要了解邮寄的运费及进口税款，有优惠才划算。

2. 买手机的话，不管多少钱，都要缴税。

3. 手机缴纳的税款是按照海关的完税价格进行征税的。

4. 如果不愿意缴纳税款，可以申请退运。

海关点评

1. **第一条小赵的总结正确。**

根据《关于调整进出境个人邮递物品管理措施有关事宜》（海关总署公告2010年第43号）规定，个人邮寄进境物品，海关依法征收进口税，但应征进口税税额在人民币50元（含50元）以下的，海关予以免征。

2. **第二条小赵的总结正确。**

20种商品不予减免税的商品包括：电视机、摄像机、录像机、放像机、音响设备、空调器、电冰箱（电冰柜）、洗衣机、照相机、复印机、程控电话交换机、微型计算机及外设、电话机、无线寻呼系统、传真机、电子计数器、打字机及文字处理机、家具、灯具和餐料等。

3. **第三条小赵的总结不完全正确。**

根据海关总署公告2012年第15号，进境物品的完税价格由海关依法遵循以下原则确定：

（1）《中华人民共和国进境物品完税价格表》（以下简称《完税价格表》）已列明完税价格的物品，按照《完税价格表》确定；

（2）《完税价格表》未列明完税价格的物品，按照相同物品相同来源地最近时间的主要市场零售价格确定其完税价格；

（3）实际购买价格是《完税价格表》列明完税价格的2倍及以上，

或是《完税价格表》列明完税价格的1/2及以下的物品，进境物品所有人应向海关提供销售方依法开具的真实交易的购物发票或收据，并承担相关责任。海关可以根据物品所有人提供的上述相关凭证，依法确定应税物品完税价格。

小赵购买的是触屏式手持移动电话机，根据《完税价格表》，其完税价格为“另行确定”，应按照相同物品相同来源地最近时间的主要市场零售价格来确定。

4. **第四条小赵的总结正确**。

如果收件人因各种原因拒收邮件，可以联系邮局向海关提出申请，办理退运手续。邮件最后交邮局退回寄件人。

附件

海关总署公告2010年第43号

（关于调整进出境个人邮递物品管理措施有关事宜）

为进一步规范对进出境个人邮递物品的监管，照顾收件人、寄件人合理需要，现就有关事项公告如下：

一、个人邮寄进境物品，海关依法征收进口税，但应征进口税税额在人民币50元（含50元）以下的，海关予以免征。

二、个人寄自或寄往港、澳、台地区的物品，每次限值为800元人民币；寄自或寄往其他国家和地区的物品，每次限值为1 000元人民币。

三、个人邮寄进出境物品超出规定限值的，应办理退运手续或者按照货物规定办理通关手续。但邮包内仅有一件物品且不可分割的，虽超出规定限值，经海关审核确属个人自用的，可以按照个人物品规定办理通关手续。

四、邮运进出口的商业性邮件，应按照货物规定办理通关手续。

五、本公告内容自2010年9月1日起实行。原海关总署《关于调整进出境邮件中个人物品的限值和免税额的通知》（署监〔1994〕774号）同时废止。

特此公告。

情景二 邮寄多套化妆品进境

小赵是国内某知名外贸企业的白领，回想起几年前跟大学时几个闺蜜一起谈天说地的情景自然就感到开心。虽然那几个闺蜜已经去了国外发展，但大家还是会通过各种网络通信工具经常一起聊聊天，聊天很重要的一个话题就是化妆品、护肤品之类。永葆青春是女人一生的愿望，一直以来，小赵的护肤品、化妆品都是朋友们从国外带回来的。最近小赵家里的护肤品、化妆品都快用完了，等了好久都找不到人帮忙带。一次聊天时，一位韩国的朋友说可以帮忙邮寄一些化妆品给小赵，小赵觉得这提议挺不错的，韩国的化妆品比较优惠，而且又是针对东方人肤质的，就准备让朋友邮寄几套某知名品牌的化妆品回来。本来小赵开始想先寄1套试试的，后来想想既然用邮寄了，多买几套邮费就更划算，反正公司的同事老早就想让小赵的朋友也帮忙带一些化妆品回来，只是小赵觉得不好意思让朋友带太多的东西，所以一直都没帮那几个同事买，这次正好可以帮同事也寄一些回来。

隔天一上班，小赵就跟那几个同事说："你们想要什么牌子，什么东西，数量用纸写好，到时我让我朋友从国外寄回来，保证都是原装的行货。"听到这，那几个女同事马上激动起来，"我要婵真的！""我要THE FACE SHOP的！""我要MISSHA的！""对了小赵，如果在国外买能便宜多少啊？"小赵说道："你们别急，把自己需要的东西先写好，价格等你们把要的东西写好后我再问一下，到时候再告诉你们。"中午吃饭时大家经过讨论，终于决定了要买什么，小赵马上就找韩国的朋友帮忙了解了一下价格，最后大家决定一共买8套某知名品牌的化妆品，每套里面分别有精华液、面霜、粉底、唇膏等。

过了一段时间，小赵收到邮局寄来的邮件处理通知单，通知她邮件要办理退运手续或者按照货物规定办理通关手续。小赵觉得很奇怪，明明是我自己用的化妆品，为什么要退运或按货物报关呢？她拨通了海关的咨询电话。海关关员小李接通了电话。

“您好！海关咨询热线，请问有什么能帮到您的吗？”

小赵心急地问：“我有个邮件是从韩国寄来的，里面是我自己用的东西，为什么你们通知我要退运或者按货物报关啊！”

“这位女士，您好，请问怎么称呼您呢？”

“我姓赵！”

“赵女士，您好！请问您邮件里面装的是什么物品呢，数量和价值是多少？”

“邮件内就 8 套化妆品，每一套都含有 BB 霜、洁面乳、美肌水等，购买价 2 500 元人民币左右。这些东西都是朋友寄回来给我和我同事自己用的，不是用来卖的啊，为什么不让邮寄啊？”

小李耐心地解释道：“根据规定，个人携带进出境的行李物品、邮寄进出境的物品，应当以自用合理数量为限，根据海关总署公告 2010 年第 43 号规定，个人寄自或寄往港、澳、台地区的物品，每次限值为 800 元人民币；寄自或寄往其他国家和地区的物品，每次限值为 1 000 元人民币。个人邮寄进出境物品超出规定限值的，应办理退运手续或者按照货物规定办理通关手续……”

小李还没说完，小赵就忍不住反问了：“不对啊，上次我寄了一部手机，超 1 000 块钱也可以寄进来啊！”

小李答道：“是的，请您耐心听完。根据规定，当邮包内仅有一件物品且不可分割的，虽超出规定限值，经海关审核确属个人自用的，可以按照个人物品规定办理通关手续，比如你刚才说的一部手机，虽然它的完税价格超出了限值规定，但它是单一不可分割的，而且属个人自用，可以按照个人物品规定办理通关手续。而您这次的化妆品邮件完税价格超出了个人邮寄进出境物品规定的限值，并且邮包内的物品非单一不可分割，所以需要办理退运手续或者按照货物规定办理通关手续。”

小赵还是有些不明白地问："那之前我朋友从国外回来的时候，也帮我带过一些化妆品和衣服啊，那些东西也超 1 000 元人民币啊，为什么又可以带进来?"

"赵女士您问得很专业。虽然同是进境物品，但海关对旅客随身携带和通过邮递方式收寄的规定是不一样的。根据海关总署公告 2010 年第 54 号，进境居民旅客携带在境外获取的个人自用进境物品，总值 5 000 元人民币以内（含 5 000 元）的；非居民旅客携带拟留在中国境内的个人自用进境物品，总值在 2 000 元人民币以内（含 2 000 元）的，海关予以免税放行，单一品种限自用合理数量，但烟草制品、酒精制品及国家规定应当征税的 20 种商品等另按有关规定办理。进境居民旅客携带超出 5 000 元人民币的个人自用进境物品，经海关审核确属自用的；进境非居民旅客携带拟留在中国境内的个人自用进境物品，超出人民币 2 000 元的，海关仅对超出部分的个人自用进境物品征税，对不可分割的单件物品，全额征税。短期内多次来往旅客行李物品征免税规定、验放标准等事项另行规定。"

"哦，原来从国外带东西回来，自己带进来和寄进来的规定不一样。那按照规定，我如果寄很便宜的东西，只要没超过限值，是不是都可以寄进来啊?"小赵继续问。

"不是的，赵女士。首先，有些物品是禁止进境的，如武器弹药等危险物品、毒药、毒品、危害国家或涉及国家机密的印刷品音像制品等；有些物品是禁止出境的，如濒危的和珍贵的动物、植物（均含标本）及其种子和繁殖材料。有些物品是限制进境的，如无线电收发信机、通信保密机等；有些物品是限制出境的，如金银等贵重金属及其制品等。具体内容您可以查看《中华人民共和国禁止、限制进出境物品表》。其次，根据《中华人民共和国知识产权海关保护条例》，国家禁止侵犯知识产权的货物进出口，海关依照有关法律和《中华人民共和国知识产权海关保护条例》的规定实施知识产权保护，行使《中华人民共和国海关法》规定的有关权力。此外，根据《中华人民共和国海关法》，个人携带进出境的行李物品、邮寄进出境的物品，应当以自用合理数量为限，并接受海关监管。进出境物品的所有人应当向海关如实申报，并接受海关查验。也就是说，邮寄的物品必须是符合自用合理数量的，收寄件人应如实向海关申报，海关会通过查验、审价等方式对邮件进行监管，发现伪报瞒报情节严重的，将按照相关规定进行处罚。”

“哦，好吧，我大概明白了，谢谢！”

“不客气，感谢您的来电！”

之后，小赵把海关的相关规定又认真了解了一遍，最终还是向邮局申请把邮件退运回去。

小赵攻略

1. 国外化妆品虽然比国内便宜，但每次不要寄太多，要不然可能会有麻烦。

2. 要如实申报物品数量、价值等，否则被海关检查发现申报和实际不符后会被处罚，严重的还会担上法律责任。

3. 有些物品属于国家限制或禁止进出境的，一定不能带。

海关评论

1. **第一条小赵的总结正确**。

国内的收件人经常因为国外的电子产品、化妆品、奶粉等商品有质量保证，价格相对国内便宜，因此除了给自己买，还顺便帮亲戚朋友购买，同时也是为了节省邮费。但往往因为这个原因，所邮寄进境的商品远远超过了限值或个人自用合理数量。

提醒收件人，从国外邮寄进境的物品需要符合自用合理数量的要求和有关限值的规定，以免出现不能及时收到物品，需要退运或者办理货物报关手续的情况。

2. **第二条小赵的总结正确**。

《中华人民共和国海关法》第46条、第47条规定，个人携带进出境的行李物品、邮寄进出境的物品，应当以自用合理数量为限，并接受海关监管。进出境物品的所有人应当向海关如实申报，并接受海关查验。根据《中华人民共和国海关行政处罚实施条例》第19条规定，有下列行为之一的，予以警告，可以处物品价值20%以下罚款，有违法所得的，没收违法所得：

（1）未经海关许可，擅自将海关尚未放行的进出境物品开拆、交付、投递、转移或者进行其他处置的；

（2）个人运输、携带、邮寄超过合理数量的自用物品进出境未向海关申报的；

（3）个人运输、携带、邮寄超过规定数量但仍属自用的国家限制进出境物品进出境，未向海关申报但没有以藏匿、伪装等方式逃避海关监管的；

（4）个人运输、携带、邮寄物品进出境，申报不实的；

（5）经海关登记准予暂时免税进境或者暂时免税出境的物品，未按照规定复带出境或者复带进境的；

（6）未经海关批准，过境人员将其所带物品留在境内的。

3. **第三条小赵的总结基本正确**。

根据《中华人民共和国海关行政处罚实施条例》第7条规定，违反海关法及其他有关法律、行政法规，逃避海关监管，偷逃应纳税款、逃避国家有关进出境的禁止性或者限制性管理，有下列情形之一的，是走私行为：

（1）未经国务院或者国务院授权的机关批准，从未设立海关的地点运输、携带国家禁止或者限制进出境的货物、物品或者依法应当缴纳税款的货物、物品进出境的；

（2）经过设立海关的地点，以藏匿、伪装、瞒报、伪报或者其他方式逃避海关监管，运输、携带、邮寄国家禁止或者限制进出境的货物、物品或者依法应当缴纳税款的货物、物品进出境的；

（3）使用伪造、变造的手册、单证、印章、账册、电子数据或者以其他方式逃避海关监管，擅自将海关监管货物、物品、进境的境外运输工具，在境内销售的；

（4）使用伪造、变造的手册、单证、印章、账册、电子数据或者以伪报加工贸易制成品单位耗料量等方式，致使海关监管货物、物品脱离监管的；

（5）以藏匿、伪装、瞒报、伪报或者其他方式逃避海关监管，擅自将保税区、出口加工区等海关特殊监管区域内的海关监管货物、物品，运出区外的；

（6）有逃避海关监管，构成走私的其他行为的。

第20条规定，运输、携带、邮寄国家禁止进出境的物品进出境，未向海关申报但没有以藏匿、伪装等方式逃避海关监管的，予以没收，或者责令退回，或者在海关监管下予以销毁或者进行技术处理。

情景三　邮寄奶粉进境

小赵是一位典型的“80后”，毕业工作几年后跟女朋友小柔一起买了房，结了婚，过起了精打细算的小日子。小赵上班的单位离家近，下班后回到家比较早，所以买菜做饭这些家务活就归他管了。小赵经常感慨，不当家不知道柴米油盐贵，而且细琐事多，之前都是回父母家里或去饭堂吃饭，吃完抹抹嘴就完事了，现在要自己去买菜做饭，才发现做饭也不是一件容易的事。再加上近年来国内食品安全问题频频发生，从“毒奶粉”到“镉大米”，从“瘦肉精”、“假羊肉”到“地沟油”，俗语说“民以食为天”，但现在吃饭是个大问题，按小赵的话，是“口口有风险，步步皆惊心”，每吃一口饭都要先确认是否安全。一天，小柔提前下班回家做好了满桌的饭菜，小赵回家一看，笑着说：“哟，今天是什么日子啊，太阳从西边出来了。”

小柔神秘地摸了摸肚子，说：“你猜。”

小赵想了想，说：“你买新衣服了？”

小柔娇嗔地白了他一眼，说：“笨蛋，我怀孕啦！”小赵高兴地跳了起来，跑过去抱着小柔转了两圈，哈哈地笑个不停。可是有喜也有忧，多了个孩子也代表着多了份责任，不仅妈妈的身子得养好，孩子出生后要用的东西也要早些准备好。小赵想先买点奶粉准备好，因为国内奶粉质量信不过，他想让新西兰的亲戚寄点奶粉回来。刚开始想一次寄多点，省的老是麻烦别人，但小柔说还是先寄一箱回来试试，看小孩吃不吃得惯。于是，小赵请新西兰的亲戚帮他买了一箱6罐每罐800克的奶粉。亲戚寄完后告诉了小赵邮件号码，这样小赵就可以在网上跟踪邮件情况了。

过了几天，小赵上网查询，发现邮件已经寄达中国了，显示已送往海关办理通关手续。小赵觉得很奇怪，就一点奶粉还要办理什么通关手续啊。于是他查到海关的咨询电话打了过去，海关关员小李接通了电话。

小赵问：“我有一件从新西兰寄过来的包裹，里面是一箱奶粉，我刚在网上查到包裹已送往海关，请问要办理什么通关手续吗？”

小李答：“根据《中华人民共和国海关法》，个人携带进出境的行李物品、邮寄进出境的物品，应当以自用合理数量为限，并接受海关监管。进出境物品的所有人应当向海关如实申报，并接受海关查验。”

“哦，那是不是查验完就放行了呢？”小赵问。

小李答：“这个要看具体情况。请问你包裹里的奶粉净重是多少？”

“一共6罐，每罐净重800克，一共是4.8公斤。”

“这样的话，查验后会征税放行的，您到时候缴完税就可以收包裹了。”小李说。

“啊？还要缴税啊？就这么一箱奶粉，是自己用的啊，不是用来卖的。”小赵很诧异。

“根据海关总署公告2010年第43号规定，个人邮寄进境物品，海关依法征收进口税，但应征进口税税额在人民币50元（含50元）以下的，海关予以免征。您的包裹内奶粉4.8公斤，根据《中华人民共和国进境物品归类表》及《中华人民共和国进境物品完税价格表》，奶粉完税价格是人民币200元一公斤，税率为10%，也就是一公斤奶粉要交20元的税，4.8公斤奶粉的进口税为96元，已经超过50元，需全额征税。”小李耐心地解释。

“那我买不同价格的奶粉都是按200元一公斤征税吗?”小赵继续问。

小李答：“进境物品的完税价格由海关依法遵循以下原则确定：一是《中华人民共和国完税价格表》已列明完税价格的物品，按照完税价格表确定；二是完税价格表未列明完税价格的物品，按照相同物品相同来源地最近时间的主要市场零售价格确定其完税价格；三是实际购买价格是完税价格表列明完税价格的2倍及以上，或是完税价格表列明完税价格的1/2及以下的物品，进境物品所有人应向海关提供销售方依法开具的真实交易的购物发票或收据，并承担相关责任。海关可以根据物品所有人提供的上述相关凭证，依法确定应税物品完税价格。”

“哦，这样啊。那我下次寄多点吧，还可以省点邮费，这样行吧?”小赵问。

小李解释道：“个人邮寄物品需要符合自用合理数量及相关限值规定。个人携带进出境的行李物品、邮寄进出境的物品，应当以自用合理数量为限。根据规定，个人寄自或寄往港、澳、台地区的物品，每次限值为800元人民币；寄自或寄往其他国家和地区的物品，每次限值为1 000元人民币。个人邮寄进出境物品超出规定限值的，应办理退运手续或者按照货物规定办理通关手续。”

“那我一次寄多少好呢？”小赵想继续问个清楚。

“从国外寄奶粉进来，每次限值为 1 000 元人民币，奶粉的完税价格是每公斤 200 元，也就是说不能超过 5 公斤。”

“哦，这样啊，那以后还是寄一箱吧，不然就超量了。”小李答道。

回到家后，小赵对小柔说：“还好你提醒我别一次寄太多回来，不然就麻烦了，海关有规定，一次不能超过 5 公斤。”然后小赵向小柔详细解释了海关规定。过了几天，奶粉顺利寄到了小赵家里，小赵高兴地接收了包裹并缴纳了税款。

小赵攻略

很多人都想从国外寄奶粉一次多寄点，不过，从国外买奶粉每次不要买太多，因为海关有规定，每次不能超过 5 公斤，不然还要缴税，怪麻烦的。当然了，每个人的情况不一样，还是要根据自己的实际来确定购买数量。

海关点评

小赵的总结基本正确，但是不太全面。

首先，个人邮寄物品需要符合自用合理数量及相关限值规定。根据《中华人民共和国海关法》规定，个人携带进出境的行李物品、邮寄进出境的物品，应当以自用合理数量为限；《关于调整进出境个人邮递物品管理措施有关事宜》（海关总署公告 2010 年第 43 号）规定，个人寄自或寄往港、澳、台地区的物品，每次限值为 800 元人民币；寄自或寄往其他国家和地区的物品，每次限值为 1 000 元人民币。个人邮寄进出境物品超出规定限值的，应办理退运手续或者按照货物规定办理通关手续。从国外寄奶粉进境，根据《中华人民共和国进境物品完税价格表》，奶粉完税价格为每公斤 200 元人民币，按照每次限值为 1 000 元人民币，也就是每次不能超过 5 公斤奶粉。

其次，根据《中华人民共和国进境物品归类表》及《中华人民共和国进境物品完税价格表》，奶粉完税价格为每公斤 200 元人民币，税率为 10%，也就是一公斤奶粉的进口税为 20 元；同时根据《关于调整进出境个人邮递物品管理措施有关事宜》（海关总署公告 2010 年第 43 号）规定，个人邮寄进境物品，海关依法征收进口税，但应征进口税税额在人民币 50 元（含 50 元）以下的，海关予以免征，即是每次邮寄奶粉净重在 2.5 公斤以下的，海关予以免征。若按每公斤 200 元人民币的完税价格计，每次邮寄奶粉净重超过 2.5 公斤且在 5 公斤及以下的，海关予以征税放行，每公斤奶粉需缴纳税款 20 元人民币。超出自用合理数量的奶粉，按照货物进行报关，需缴纳相应的关税及增值税。

情景四　邮寄印刷品、音像制品进境

小赵是个动漫迷，从小就喜欢看漫画、动漫杂志、动画片之类，这个兴趣爱好一直延续到现在。因为爱好，所以小赵大学毕业后就进入某知名的出版社当编辑。出版社会定期从国外邮购一些当月出版的漫画、杂志、光盘之类，好让编辑用来参考。通常每个月 2 号左右小赵都会收到当月的包裹，但这一个月，都快到月底了，小赵还没有收到包裹，于是便联系了寄件人小王，小王却说包裹已经寄出去了。“这是怎么回事呢？”小赵很是纳闷。

按小王提供的邮件号码，小赵在网上查到东西已经寄出了，有十多本书籍、杂志，还有十几张光盘。不久，小赵接到邮局打来的电话，通知他的邮件要征税，需要先把税款缴了才可以拿邮件。小赵第一次碰到这样的事情，觉得很奇怪：“以前都不用征税，为什么这次要征税？”

小赵上网查到了海关的咨询电话并拨打过去，海关关员小李接通了电话："您好！海关咨询热线，请问有什么能帮到您的吗?"

小赵问道："你好！海关同志，我想咨询一下我的邮件情况。前些天我朋友给我寄了一些书籍和光盘，这些东西都是我自已用的，不拿去销售，但是有人通知我要缴税。我想问为什么以前寄同样的东西不用缴税，这次却要缴税呢?"

"请问您的邮件里一共有多少书籍和光盘?"小李问。

"有十多本书籍、杂志，还有十几张光盘。"

小李解释道："是这样的，根据《中华人民共和国海关进出境印刷品及音像制品监管办法》第7条规定，个人自用进境印刷品及音像制品在下列规定数量以内的，海关予以免税验放：（一）单行本发行的图书、报纸、期刊类出版物每人每次10册（份）以下；（二）单碟（盘）发行的音像制品每人每次20盘以下；（三）成套发行的图书类出版物，每人每次3套以下；（四）成套发行的音像制品，每人每次3套以下。第8条规定，超出本办法第7条规定的数量，但是仍在合理数量以内的个人自用进境印刷品及音像制品，不属于本办法第9条规定情形的，海关应当按照《中华人民共和国进出口关税条例》有关进境物品进口税的征收规定，对超出规定数量的部分予以征税放行。你这一次邮件内的书籍、杂志已经超过了免税的数量，因此需要对超出规定数量的部分予以征税。"

"啊！原来是这样！还好我不是一年才寄一次，那不是全部都要征税了吗?"小赵说。

小李答："不是的，如果数量过多，是要按照货物进行报关或选择退运的。根据《中华人民共和国海关进出境印刷品及音像制品监管办法》第9条规定，有下列情形之一的，海关对全部进境印刷品及音像制品按照进口货物依法办理相关手续：（一）个人携带、邮寄单行本发行的图书、报纸、期刊类出版物进境，每人每次超过50册（份）的；

（二）个人携带、邮寄单碟（盘）发行的音像制品进境，每人每次超过100盘的；（三）个人携带、邮寄成套发行的图书类出版物进境，每人每次超过10套的；（四）个人携带、邮寄成套发行的音像制品进境，每人每次超过10套的；（五）其他构成货物特征的。有前款所列情形的，进境印刷品及音像制品的收发货人、所有人及其代理人可以依法申请退运其进境印刷品及音像制品。”

“哦，就是说如果我下次还是寄多了，要么就征税，要么就要报关。那如果我不想缴税也不想报关呢，是不是也可以选择将物品退运回去啊？”小赵问。

小李答：“根据《中华人民共和国海关进出境印刷品及音像制品监管办法》第19条规定，运输、携带、邮寄国家禁止进出境的印刷品及音像制品进出境，如实向海关申报的，予以收缴，或者责令退回，或者在海关监管下予以销毁或者进行技术处理。运输、携带、邮寄国家限制进出境的印刷品及音像制品进出境，如实向海关申报，但是不能提交许可证件的，予以退运。你邮件内的书籍、光盘等不含有以上禁限内容，是可以向海关申请退运的。”

“嗯，好的，谢谢你啊！”

“不客气，请问还有什么能帮到您吗？”

“没有了，谢谢。”

“好的。感谢您的来电！”

小赵攻略

1. 每次邮寄印刷品，不可超过海关规定的数量，要不然不能免税，如果太多了还可能要按货物报关。

2. 不能邮寄带有违禁内容的印刷品、音像制品进境。

海关点评

1. **第一条小赵的总结正确**。

根据《中华人民共和国海关进出境印刷品及音像制品监管办法》（海关总署令第161号）规定，每次邮寄进境的印刷品、音像制品按数量予以免税、征税，或者按货物手续报关。收件人应当按照自身实际需求数量及相关规定来寄递，不要超过规定的数量。

2. **第二条小赵的总结正确**。

《中华人民共和国海关进出境印刷品及音像制品监管办法》（海关总署令第161号）第4条、第5条明确了禁止进出境的印刷品音像制品的具体种类。

第4条　载有下列内容之一的印刷品及音像制品，禁止进境：

（1）反对宪法确定的基本原则的；

（2）危害国家统一、主权和领土完整的；

（3）危害国家安全或者损害国家荣誉和利益的；

（4）攻击中国共产党，诋毁中华人民共和国政府的；

（5）煽动民族仇恨、民族歧视，破坏民族团结，或者侵害民族风俗、习惯的；

（6）宣扬邪教、迷信的；

（7）扰乱社会秩序，破坏社会稳定的；

（8）宣扬淫秽、赌博、暴力或者教唆犯罪的；

（9）侮辱或者诽谤他人，侵害他人合法权益的；

（10）危害社会公德或者民族优秀文化传统的；

（11）国家主管部门认定禁止进境的；

（12）法律、行政法规和国家规定禁止的其他内容。

第5条　载有下列内容之一的印刷品及音像制品，禁止出境：

（1）本办法第四条所列内容；

（2）涉及国家秘密的；

（3）国家主管部门认定禁止出境的。

第二节　出境邮件

情景一　正常邮寄物品出境

过节了，小赵一大家子又有机会聚在一起了。小赵家里亲戚还蛮多的，以前每逢过节都可以摆四五桌，现在不一样了，有出国深造的，有在外工作的，气氛跟以前比起来多少不一样。小赵表姑的儿子小李在澳大利亚留学，在一次家庭聚会上，表姑对小赵说："小赵，能帮我一个忙吗？帮我邮寄一些东西到澳大利亚给小李，你也知道啦，我们这些老人家什么都不懂，他又说要急用，所以我就想找你帮我寄点东西。"小赵十分爽快地答应："没问题，你把要寄的东西给我，我明天就帮你拿去寄了。"

第二天，表姑从家里把需要寄的东西拿给小赵，有 2 件衬衫、2 条西裤、1 双皮鞋、5 双袜子。小赵把东西装好后就去邮局寄邮件了。

到了邮局，营业员询问小赵需要邮寄哪一类的邮件，寄往哪里，小赵跟营业员说清楚自己需要邮寄的地方及物品后，营业员先验视内件确定物品种类，查验邮件内件有无禁限寄物品，然后根据所寄物品的性质、轻重、形状和大小，选用合适的封装材料与小赵双人封装、称重，并在详情单上注明重量，最后将邮件和详情单一并交给小赵，并指导他在指定位置填写收、寄件人姓名（或单位名称）、电话号码、详细地址和邮政编码。

邮件寄出去之后，小赵上网去查询邮件状态，发现邮件正在办理海关手续，小赵担心邮件有什么问题，就急忙拨打了海关咨询电话，海关关员小李接通了电话："您好！海关咨询热线，请问有什么能帮到您吗?"

"你好，是这样的，我前天寄了个邮件出国，现在正在办理海关手续。我想问问是因为我在邮件上随便写了'礼品'没详细写清楚的原因吗?"小赵问。

"根据《中华人民共和国海关法》规定，个人携带进出境的行李物品、邮寄进出境的物品，应当以自用合理数量为限，并接受海关监管。进出境物品的所有人应当向海关如实申报，并接受海关查验。对进出境邮件进行查验是通关的正常环节。"小李答道。

"哦，那就好。我还以为出了什么事呢。那顺便请问下，寄个人生活物品到国外有什么数量上的规定吗?"小赵又问。

"有的。根据《中华人民共和国海关法》规定，个人携带进出境的行李物品、邮寄进出境的物品，应当以自用合理数量为限。根据海关总署公告2010年第43号规定，个人寄自或寄往港、澳、台地区的物品，每次限值为800元人民币；寄自或寄往其他国家和地区的物品，每次限值为1 000元人民币。个人邮寄进出境物品超出规定限值的，应办理退运手续或者按照货物规定办理通关手续。但邮包内仅有一件物品且不可分割的，虽超出规定限值，经海关审核确属个人自用的，可以按照个人物品规定办理通关手续。邮运进出口的商业性邮件，应按照货物规定办理通关手续。"小李回答。

"哦，我明白了，谢谢你。"

"不客气，感谢您的来电。"

几天后，亲戚打电话来感谢小赵，说邮件已经收到了。小赵就顺便给他普及了一下寄国际邮件的常识。

小赵攻略

往国外寄邮件要经过收寄前的准备—查验内件—验看封装、填写单式—称重计费—打印收据等程序。

寄件时不要自行封装，因为营业员要先验视内件再与用户共同封装、称重。详情单一定要用力填写，因为一份详情单七联，如果填写不清，后几联就会模糊看不清了。

另外，一定要注意的是填写邮件详情单时要如实填写，不能模糊申报。

海关点评

小赵对邮寄物品出境的流程表述是正确的。在邮寄物品出境时，一是要了解海关对邮寄出境物品的规定，如包值限定等；二是要了解邮局寄递的相关规定，如邮局对邮寄出境物品按规定要进行验视等；三是填写清楚详情单，这有助于物品尽快到达国外收件人手中。

情景二　邮寄涉嫌侵权物品出境

大学毕业后，小赵的大学同学各奔东西，有一些还去了国外发展。不久前，小赵跟一位朋友小王联系上了。小王告诉小赵，他在国外的几个朋友想托他在国内找人寄几个包包过去。“他们说国内的包包质量又好又便宜，你能不能帮我买一些啊，就是那种高仿的，专卖店里的太贵了。”小王说。

小赵满口答应：“我是没什么问题，但就是怕我的眼光不好……”

“哎呀，你办事我放心，就这么定了。”小王开心地说。

于是，小赵周末去皮具批发市场逛了半天，在一家店里买了 10 个某国际名牌的手袋，价格才是专卖店的几十分之一，虽然知道不是正品，质量也差了些，但估计一般人也看不出来。东西买好后他就去邮局把手袋寄给了小王。过了几天，小赵接到邮局通知说，邮件内的物品涉嫌违反《中华人民共和国知识产权海关保护条例》，已被海关暂扣了，需要小赵提供授权书给海关审核，提供授权书的方式可以亲自上门递交，也可以以快递的方式邮寄给海关。如果小赵提供不了授权书，并经海关调查后认定侵犯了知识产权，海关将对这些包包予以收缴。

小赵想，这些东西都是店里面买的仿品，哪来的授权书啊，还是打电话到海关问问吧，于是小赵拨打了海关咨询电话。

海关关员小李接通了电话。“您好！海关咨询热线，请问有什么能帮到您的吗?”

“你好，我前几天寄了个包裹出国，里面是几个包包，被你们海关暂扣了，说是涉嫌侵权，要我提供授权书。我想问问是怎么回事?”小赵问。

“先生，请问您邮件里面的手袋是正品吗?”小李问。

“不是，那些东西都是我在外面店里买的，都是高仿品，没有授权书，但这些包包都是买来给我朋友的啊，你们为什么要扣?”

“先生，是这样的，如果您邮件里的物品确属侵权，是禁止进出口的。《中华人民共和国知识产权海关保护条例》第 3 条规定，国家禁止侵犯知识产权的货物进出口。海关依照有关法律和本条例的规定实施知识产权保护，履行《中华人民共和国海关法》规定的有关职责。”小李回答。

“哦，这样子啊，那我不寄了，你们把邮件退给我吧。”小赵说。

“先生，邮件暂时是不能退回给您的。根据《中华人民共和国知识产权海关保护条例》第 27 条规定，被扣留的侵权嫌疑货物，经海关调查后认定侵犯知识产权的，由海关予以没收，因此，邮件要等我们调查完后才可以决定能不能退给你。”小李解释道。

“还有可能被没收啊，那如果海关没收以后会怎样处理啊?”小赵担心地询问。

“根据《中华人民共和国知识产权海关保护条例》第 27 条规定，

海关没收侵犯知识产权货物后，应当将侵犯知识产权货物的有关情况书面通知知识产权权利人。被没收的侵犯知识产权货物可以用于社会公益事业的，海关应当转交给有关公益机构用于社会公益事业；知识产权权利人有收购意愿的，海关可以有偿转让给知识产权权利人。被没收的侵犯知识产权货物无法用于社会公益事业且知识产权权利人无收购意愿的，海关可以在消除侵权特征后依法拍卖，但对进口假冒商标货物，除特殊情况外，不能仅清除货物上的商标标志即允许其进入商业渠道；侵权特征无法消除的，海关应当予以销毁。”小李解释道。

“哎，看来我是拿不回来邮件了。以后再也不买这些侵权物品了。”小赵叹了一口气。

“是的。保护知识产权是每个公民应尽的责任和义务。”小李说。

小赵接着给小王打了电话，说：“老同学，看来只能去专卖店买正品啦，侵权产品是寄不出去的!”

小赵攻略

1. 一定要到正规商店里购买授权的正版商品，不要购买什么高仿的，那是侵犯知识产权了。

2. 只要是正版的商品就可以邮寄出境。

海关评论

1. **第 1 条小赵的总结正确**。

《中华人民共和国知识产权海关保护条例》规定，国家禁止侵犯知识产权的货物进出口。受保护的对象为受中华人民共和国法律、行政法规保护的商标专用权、著作权和与著作权有关的权利、专利权，因此最好到正规商店或者授权代理商处购买产品。

2. **第 2 条小赵的总结不完全正确。**

市面销售的大部分正版商品是允许邮寄出境的，但根据我国有关规定，部分物品属于禁止进出境的，该类物品不允许邮寄出境；部分物品属于限制进出境，需要提供相应的证明才能出境。禁止或限制进出境物品详见《中华人民共和国禁止、限制进出境物品表》。此外，邮寄个人物品必须符合自用合理数量和相关的限值限定，超出规定限值的，应办理退运手续或者按照货物规定办理通关手续。

情景三　邮寄中药材、中成药出境

近年来，随着国际文化交流的不断深化，很多优秀的中国传统文化也越来越受外国人的喜爱和欢迎，比如中国的传统医术，如中药材治疗、针灸等也越来越被外国人所接受和传播。小赵出生在医学世家，从小就对医学文化感兴趣，明年就要高考了，他打算报考国内某著名的医科大学。前些天，小赵在国外的一位当医生的亲戚打电话要他帮忙寄一些中药材出去，小赵不明白地问，“你自己就是医生，给自己开点西药就行了，国外的药不是疗效更好吗，为什么还要这么麻烦寄中药过去熬制呀?”

“毕竟一方水土养一方人嘛，之前在国内习惯了吃中药，来到这边吃西药总感觉不习惯，而且怕药效太强吃多了伤身体，还是中医的治疗方式比较温和，比较适合。”亲戚说。

一听到关于医学上的事情，小赵立马就感兴趣了，他继续追问，“是不是只有中医才是使用植物当药材的啊，国外是不是都是使用化学药物?”

“不是的”，小赵亲戚答道，“植物在医学上的应用在全世界都有古老的传统，早在公元前 4000 年，苏美尔人就在羊皮纸上记载了颇具疗效的处方；公元前 2000 年，埃及人记载了多种具有疗效的汤药，印度人发明了生物节律学。而在中国，5 000 多年前就有神农遍尝百草，亲试药效的传说，可以说是他以某种方式开创了延续至今的临床实验。半个世纪前，植物在欧洲一些国家的药房里也很常见，直至现在，植物药也仍在应用。”

“那为什么后来不同了呢？”小赵追问道。

“真拿你没办法，那是因为许多年前，中医和西医诊疗对待病人的思路出现了不同。在不同的文化背景下，西方选择了简化，为追求规范化，西医将每种疾病归纳到某种类型上，确定标准化的治疗方法，生产简单化的药剂，直接作用于活性分子。而中国传统医学则延续了复合性的特点，坚持个体差异，根据病人特定情况来确诊病情，并最终使中医复杂的治疗方法保留下来，对这种治疗方法来说，行医者的经验尤为重要。”小赵亲戚笑着答复，“回答了你这么多问题，可以帮我寄药材了吧，我的小神医。”

小赵心满意足地说，“哈哈，没问题，我马上去买，一次给你买多点寄过去，这样你就可以用久一点了。”

“你要先去问一问相关的出境规定哦。”小赵亲戚提醒他。

小赵在网上查了一下中药材出境的注意事项，发现海关对这方面有些规定，谨慎的他担心自己查得不够全面，于是拨通了海关的咨询热线，海关关员小李接通了电话。

“您好！海关咨询热线，请问有什么能帮到您的吗？”

“你好，我想寄一些中药材到国外给亲戚，是自己用来熬汤治病的，请问在数量、种类等方面有什么需要注意的吗？”小赵问。

“您好！药品属于国家限制进出口的物品，能否邮递出境要看是否符合海关对于品种成分和价值方面的限制性规定。”小李答道。

“哦，那在品种成分方面有什么限制呢？”小赵继续问。

“首先，不能邮寄《中华人民共和国禁止进出境物品表》中国家禁止出境的物品，如烈性毒药、毒品、濒危的和珍贵的动物、植物及其种子和繁殖材料。国家明确禁止出境的中药材及中成药有麝香、蟾酥、虎骨、犀牛角、牛黄等（不含配以微量麝香、蟾酥的成药，如麝香还阳膏、六神丸等，但包括含犀牛角和虎骨成分的药品）。其余中药材和中成药，在规定的限制内，海关可以放行。毒品包括国家规定管制的能够使人形成瘾癖的麻醉品和精神药品，如麻黄碱等。”

“那价值方面呢?”小赵又问道。

“个人邮寄物品需在个人自用合理数量范围内，根据《中华人民共和国海关对旅客携带或个人邮寄中药材、中成药出境的管理规定》，旅客携带中药材、中成药出境，前往港澳台地区的，总值限人民币150元；前往其他国家或地区的，限额为人民币300元。个人邮寄中药材、中成药出境，寄往港澳台地区的，总值限人民币100元，寄往其他国家或地区的，限值人民币200元。中成药是指注册商标上标有‘省（市）卫准字’的中成药。商标上标有‘省（市）卫健字’的保健中成药不适用本规定。”小李回答。

“哦，明白了。邮寄和携带还是不同限值的，还好先问清楚了，不然到时候寄不出去更麻烦。”小赵说。

“是的，在邮寄之前要了解清楚出境和入境国家的相关规定，以便邮件更顺捷通关。请问还有什么能帮到您吗?”

“没有了，谢谢!”

“不用客气，感谢您的来电。”

小赵挂完电话后，就去中药店买好药材寄了出去。过了几天，亲戚打电话来谢谢他，小赵说：“本来想给你寄多点的，但是有规定不能一次寄太多，不好意思啦，以后你有需要再找我吧!”小赵亲戚笑道：“没关系的，寄太多这边也不一定能进来，遵纪守法的孩子以后才能当个有医德的好医生!”

小赵攻略

1. 邮寄药材出境一定要注意不能数量太多，寄往港澳台地区的，总价值不能超过人民币 100 元；寄往其他国家或地区的，总价值不能超过人民币 200 元。

2. 不能寄国家禁止出境的植物药材。

3. 保健的中成药是可以多寄的。

海关点评

1. **第一条小赵的总结基本正确。**

《中华人民共和国海关对旅客携带和个人邮寄中药材、中成药出境的管理规定》第 3 条规定，个人邮寄中药材、中成药出境，寄往港澳地区的，总值限人民币 100 元，寄往国外的，限人民币 200 元。保健中成药及西医药品的通关不适用本规定。

2. **第二条小赵的总结基本正确。**

根据《中华人民共和国禁止进出境物品表》，禁止出境的植物及其产品有以下几种：

（1）各种烈性毒药；

（2）鸦片、吗啡、海洛因、大麻及其他能使人成瘾的麻醉品、精神药物；

（3）带有危险性病菌、害虫及其他有害生物的动物、植物及其产品；

（4）有碍人畜健康的、来自疫区的及其他能传播疾病的食品、药品或其他物品；

（5）濒危的和珍贵的动物、植物（均含标本）及其种子和繁殖材料。

此外，根据《中华人民共和国限制进出境物品表》，贵重中药材是限制出境的。同时根据《中华人民共和国海关对旅客携带和个人邮寄中药材、中成药出境的管理规定》第5条，麝香不准携带或邮寄出境。国家明确禁止出境的中药材及中成药有麝香、蟾酥、虎骨、犀牛角、牛黄等（不含配以微量麝香、蟾酥的成药，如麝香还阳膏、六神丸等，但包括含犀牛角和虎骨成分的药品）。

3. **第三条小赵的总结不正确**。

商标上标有“省（市）卫健字”的保健中成药虽然不适用《中华人民共和国海关对旅客携带和个人邮寄中药材、中成药出境的管理规定》里对中成药的限制，但邮寄保健中成药及其他物品仍需符合个人自用合理数量范围及个人邮寄物品的限值规定。根据《关于调整进出境个人邮递物品管理措施有关事宜》（海关总署公告2010年第43号）规定，个人寄自或寄往港、澳、台地区的物品，每次限值为800元人民币；寄自或寄往其他国家和地区的物品，每次限值为1 000元人民币。个人邮寄进出境物品超出规定限值的，应办理退运手续或者按照货物规定办理通关手续。但是，邮包内仅有一件物品且不可分割的，虽超出规定限值，经海关审核确属个人自用的，可以按照个人物品规定办理通关手续。

附件

中华人民共和国海关对旅客携带和个人邮寄中药材、中成药出境的管理规定

（1990 年 6 月 26 日海关总署令第 12 号发布 自 1990 年 7 月 1 日起执行）

第一条　为了加强对中药材、中成药出境的管理，根据《中华人民共和国海关法》特制定本规定。

第二条　旅客携带中药材、中成药出境，前往港澳地区的，总值限人民币一百五十元，前往国外的，限人民币三百元。

第三条　个人邮寄中药材、中成药出境，寄往港澳地区的，总值限人民币一百元，寄往国外的，限人民币二百元。

第四条　进境旅客出境时携带用外汇购买的、数量合理的自用中药材、中成药，海关验凭盖有国家外汇管理局统一制发的“外汇购买专用章”的发货票放行。超出自用合理数量范围的，不准带出。

第五条　麝香不准携带或邮寄出境。

第六条　本规定自一九九〇年七月一日起执行。

情景四　邮寄文物出境

近年来，我国艺术品市场、古玩市场、收藏市场空前繁荣，引发了一股范围广泛的收藏热，再加上《一锤定音》、《寻宝》等艺术品收藏投资类栏目频频播出，人们开始大规模地涉足艺术品收藏、投资领域。不仅仅是国人喜欢收藏，就连在华的外国人也不例外。小赵毕业没几年，跳槽到了一家著名的外企工作，当了总经理秘书，他的老板史密斯是外国人，很喜欢中国文化，经常去古玩市场淘一些喜欢的文物。小赵常常问他："你一个外国人怎么这么喜欢中国文物啊?"史密斯说："我喜欢的其实是中国的文化，中国是世界文明古国，有着五千年传承的灿烂文化，中国古代文物很具历史研究价值，特别是一些反映人类文明发展的器物和一些在当时历史背景下制作精良的器物具有很高的收藏价值和升值空间，而且收藏也体现了一个国家的经济发展水平。中国历史上有四次较大规模的收藏热，分别是北宋晚期、晚明文人阶层、清朝权贵和民国政要带动起来的，现在则进入了第五次收藏高峰。前四次中，北宋和乾隆盛世这两次是由皇帝和皇室收藏来引领的，晚明时期与清末民初是由民间收藏推动的。目前的第五次收藏高峰，绝大部分是普通的民众收藏，其中只有一小部分是文化精英和国家收藏。普通民众收藏的大部分是一般的艺术品，精英和国家收藏的则是文物艺术品。"

小赵咂咂舌，不好意思地说道："我作为一个中国人了解得都没你那么多，真是惭愧!"

史密斯笑笑说："你还年轻，刚进入社会工作，没接触这些东西也很正常。对了，那天我在古玩市场买了一个佛像，你明天帮我寄到我国外的家去。"

"好的，没问题!"小赵一口答应。

第二天，小赵从史密斯那里拿了佛像，正准备去邮局寄，恰巧碰上了公司同事小张。小张说："哟，不错啊，你也玩起收藏了。"小赵说："不是我的，是史密斯的，他叫我帮他寄到国外去。"小张说："这样啊，那你要注意哦，好像寄文物出境是有规定的，不能随便寄，你还是先去问清楚好些。"小赵说："对哦，还好你提醒，不然贸然去寄，寄不了还白跑一趟。我还是先打电话问问吧。"于是，小赵在网上查询到海关的咨询电话后打了过去。

"您好！海关咨询热线，请问有什么能帮到您的吗？"海关关员小李接通了电话。

"你好，我想寄个佛像到国外去，请问有什么需要注意的吗？"小赵问。

"如果您携带的佛像不属于文物，仅属于一般的个人信仰宗教物品，在自用合理数量范围内海关可予以放行。如果您携带的佛像属于文物，出境时应向海关申报，海关凭您在文物鉴定机构办理的文物出境许可证和文物出境火漆标志放行。在无法判定您携带的佛像是否属于文物的情况下，有可能需要您出具有关鉴定证明。"

"啊？这么麻烦啊？那怎么就算文物呢？"小赵问。

"根据《中华人民共和国文物保护法》第 2 条规定，在中华人民共和国境内，下列文物受国家保护：一是具有历史、艺术、科学价值的古文化遗址、古墓葬、古建筑、石窟寺和石刻、壁画；二是与重大历史事件、革命运动或者著名人物有关的及具有重要纪念意义、教育意义或者史料价值的近代现代重要史迹、实物、代表性建筑；三是历史上各时代珍贵的艺术品、工艺美术品；四是历史上各时代重要的文献资料及具有历史、艺术、科学价值的手稿和图书资料等；五是反映历史上各时代、各民族社会制度、社会生产、社会生活的代表性实物。文物认定的标准和办法由国务院文物行政部门制定，并报国务院批准。具有科学价值的古脊椎动物化石和古人类化石同文物一样受国家的保护。"小李详细地回答。

“那文物出境有什么管制呢?”小赵问。

“根据《中华人民共和国文物保护法》第60条、61条规定，国有文物、非国有文物中的珍贵文物和国家规定禁止出境的其他文物，不得出境；但是依照本法规定出境展览或者因特殊需要经国务院批准出境的除外。文物出境应当经国务院文物行政部门指定的文物进出境审核机构审核。经审核允许出境的文物，由国务院文物行政部门发给文物出境许可证，从国务院文物行政部门指定的口岸出境。任何单位或者个人运送、邮寄、携带文物出境，应当向海关申报，海关凭文物出境许可证放行。简单来说，珍贵文物禁止出境，一般文物限制出境，所有文物都需经过国家指定的鉴定机构鉴定后才能确定能否出境。”

“那什么是国有文物、珍贵文物、禁止出境文物和一般文物呢?”小赵想一次问个明白。

“根据《中华人民共和国文物保护法》第5条规定，中华人民共和国境内地下、内水和领海中遗存的一切文物，属于国家所有。古文化遗址、古墓葬、石窟寺属于国家所有。国家指定保护的纪念建筑物、古建筑、石刻、壁画、近代现代代表性建筑等不可移动文物，除国家另有规定的以外，属于国家所有。历史上各时代重要实物、艺术品、文献、手稿、图书资料、代表性实物等可移动文物，分为珍贵文物和一般文物，珍贵文物分为一级文物、二级文物、三级文物。其他禁止出境的文物，是指有损国家荣誉、有碍民族团结、在政治上有不良影响的文物。”小李回答。

小赵想了想，自己也不知道这佛像到底算不算文物，就问：“什么是出境鉴定？哪些文物必须鉴定?”

“文物出境鉴定是指对申报出境的文物，依据《中华人民共和国文物保护法》的规定及国家规定的文物出口鉴定标准，进行鉴定、查验，决定其能否出境。鉴定范围为：凡是1949年中华人民共和国成立以前中国和外国制作、生产或出版的陶瓷器、金银器、铜器及其他金属器、玉石器、漆器、玻璃器皿、各种质料的雕刻品、雕塑品、家具、书画、碑帖、拓片、图书、文献资料、织绣、文化用品、邮票、货币、器具、工艺美术品等；1949 年以后，我国已故近、现代著名书画家、工艺美术家的作品等；古脊椎动物与古人类化石，这些都必须进行文物出境鉴定。”小李回答。

“这个佛像是我个人的，请问私人携运出境的文物在何处鉴定?”小赵问。

“根据规定，旅客携带旧存文物出境，应事先报经文物管理部门鉴定。目前，在北京、上海、天津、广州、福州等口岸均设有鉴定机构。”

“哦，那如果鉴定后是文物，我个人邮寄文物出境，要怎样报关?”

小李继续耐心回答道：“邮寄个人家存文物（含已故现代著名书画家的作品）出口，必须向海关申报，并交验文化行政管理部门制发的文物出境许可证明，海关凭证明文件核查文物上钤盖的鉴定标志放行。已向海关申报，但不能交验文化行政管理部门开具的文物出境许可证明和钤盖的鉴定标志的，不准出口，应予退运。邮寄文物出口，不向海关申报，不论是否藏匿，海关都将依法处理。”

“如果我是在指定的文物商店购买的文物呢，是否还要进行鉴定?”

“入境旅客在指定的文物商店用带进的外汇购买的文物可以携带出境，不需要再到文化行政管理部门申请鉴定。旅客携带文物出境时，要向海关申报，海关凭‘文物古籍外销统一发货票’和文化行政管理部门钤盖的鉴定标志查验放行。”

“如果这佛像是 1949 年以后制作的文物仿制品、复制品，是否准予出境?”小赵继续问。

“1949 年以后制作的文物仿制品和复制品，不属文物范围。携出文物仿制品和复制品，除国家另有规定的外，在自用合理数量范围及规定限值范围以内的准予带出。”小李回答。

“哦，那我顺便问问，对个人携带现代书画作品出境，海关有什么规定?”

“已故现代著名书画家的作品，除经文化行政管理部门鉴定准予出境的外，不准携运出境。对一般现代书画作品，旅客携带出境的，在自用合理数量范围以内，邮寄的在规定的限值内，海关准予出口。”

小赵想干脆一次问个清楚，便继续问道：“那如果是外国人寄呢?比如在华工作的使领馆人员，他们携运文物进出境的报关手续是否一样?”

“使领馆和使领馆人员运进属于中国法律和规章禁止或者限制出境的珍贵文物，应当向海关提供物品清单，办理申报登记手续；复运出境时，海关凭原入境时的申报放行。携运文物出境，必须向海关申报。对在中国境内指定商店购买的文物，申报时，要随附指定商店出具的‘文物古籍外销统一发货票’，海关凭发票和中国文化行政管理部门钤盖的鉴定标志查核放行；对在中国境内通过其他途径得到的文物，要事先报请文化行政管理部门鉴定。经鉴定准予出境的文物，由鉴定部门发给许可出境凭证，海关凭许可出境凭证和鉴定标志查核放行。”

“哦，我明白了，那我还是先确定这佛像是不是文物吧。”

小赵回到公司后跟史密斯解释了一番，告诉他文物不能随便寄递出境。史密斯点了点头，说：“看来不能老是研究中国古代文化，也要熟悉中国现代法律。我相信一个法治的中国会变得越来越好，中国优秀文化会越来越辉煌!”

小赵攻略

1. 文物分为珍贵文物、一般文物等。国有文物、非国有文物中的珍贵文物和国家规定禁止出境的其他文物，不能寄出境；其他一般文物限制出境，在寄文物前要先送鉴定是否可以出境。

2. 批准出境的文物通关时要向海关申报，并提供文物出境许可证明等资料。

3. 在指定的文物商店购买的文物和新中国成立以后制作的文物仿制品、复制品可以直接出境。

海关点评

1. **第一条小赵的总结基本正确**。

根据《中华人民共和国文物保护法》规定，国有文物、非国有文物中的珍贵文物和国家规定禁止出境的其他文物，不得出境；但是依照本法规定出境展览或者因特殊需要经国务院批准出境的除外。文物出境应当经国务院文物行政部门指定的文物进出境审核机构审核。经审核允许出境的文物，由国务院文物行政部门发给文物出境许可证，从国务院文物行政部门指定的口岸出境。

2. **第二条小赵的总结正确**。

根据《中华人民共和国文物保护法》、《中华人民共和国文物保护实施条例》规定，任何单位或者个人运送、邮寄、携带文物出境，应当向海关申报，海关凭文物出境许可证放行。运送、邮寄、携带文物出境，应当在文物出境前依法报文物进出境审核机构审核。文物进出境审核机构应当自收到申请之日起 15 个工作日内作出是否允许出境的决定。经审核允许出境的文物，由国务院文物行政主管部门发给文物出境许可证，并由文物进出境审核机构标明文物出境标志。经审核允许出境的文物，应当从国务院文物行政主管部门指定的口岸出境。海关查验文物出境标志后，凭文物出境许可证放行。经审核不允许出境的文物由文物进出境审核机构发还当事人。临时进境的文物经海关将文物加封后，交由当事人报文物进出境审核机构审核、登记。文物进出境审核机构查验海关封志完好无损后，对每件临时进境文物标明文物临时进境标志，并登记拍照。临时进境文物复出境时，应当由原审核、登记的文物进出境审核机构核对入境登记拍照记录，查验文物临时进境标志无误后标明文物出境标志，并由国务院文物行政主管部门发给文物出境许可证。

3. **第三条小赵的总结不完全正确**。

在指定的文物商店购买的文物可以携运出境，不需要再到文化行政管理部门申请鉴定。但旅客携带或寄递文物出境时，要向海关申报，海关凭“文物古籍外销统一发货票”和文化行政管理部门钤盖的鉴定标志查验放行。新中国成立以后制作的文物仿制品和复制品，不属文物范围。携出文物仿制品和复制品，除国家另有规定的外，仍需符合自用合理数量及规定限值范围。

附件

中华人民共和国文物保护法实施条例（节选）

第六章　文物出境进境

第四十四条　国务院文物行政主管部门指定的文物进出境审核机构，应当有5名以上专职文物进出境责任鉴定员。专职文物进出境责任鉴定员应当取得中级以上文物博物专业技术职务并经国务院文物行政主管部门考核合格。

第四十五条　运送、邮寄、携带文物出境，应当在文物出境前依法报文物进出境审核机构审核。文物进出境审核机构应当自收到申请之日起15个工作日内作出是否允许出境的决定。

文物进出境审核机构审核文物，应当有3名以上文物博物专业技术人员参加；其中，应当有2名以上文物进出境责任鉴定员。

文物出境审核意见，由文物进出境责任鉴定员共同签署；对经审核，文物进出境责任鉴定员一致同意允许出境的文物，文物进出境审核机构方可作出允许出境的决定。

文物出境审核标准，由国务院文物行政主管部门制定。

第四十六条　文物进出境审核机构应当对所审核进出境文物的名称、质地、尺寸、级别，当事人的姓名或者名称、住所、有效身份证件号码或者有效证照号码，以及进出境口岸、文物去向和审核日期等内容进行登记。

第四十七条　经审核允许出境的文物，由国务院文物行政主管部门发给文物出境许可证，并由文物进出境审核机构标明文物出境标识。经审核允许出境的文物，应当从国务院文物行政主管部门指定的口岸出境。海关查验文物出境标识后，凭文物出境许可证放行。

经审核不允许出境的文物，由文物进出境审核机构发还当事人。

第四十八条　文物出境展览的承办单位，应当在举办展览前6个月向国务院文物行政主管部门提出申请。国务院文物行政主管部门应当自收到申请之日起30个工作日内作出批准或者不批准的决定。决定批准的，发给批准文件；决定不批准的，应当书面通知当事人并说明理由。

一级文物展品超过120件（套）的，或者一级文物展品超过展品总数的20%的，应当报国务院批准。

第四十九条　一级文物中的孤品和易损品，禁止出境展览。禁止出境展览文物的目录，由国务院文物行政主管部门定期公布。

未曾在国内正式展出的文物，不得出境展览。

第五十条　文物出境展览的期限不得超过1年。因特殊需要，经原审批机关批准可以延期；但是，延期最长不得超过1年。

第五十一条　文物出境展览期间，出现可能危及展览文物安全情形的，原审批机关可以决定中止或者撤销展览。

第五十二条　临时进境的文物，经海关将文物加封后，交由当事人报文物进出境审核机构审核、登记。文物进出境审核机构查验海关封志完好无损后，对每件临时进境文物标明文物临时进境标识，并登记拍照。

临时进境文物复出境时，应当由原审核、登记的文物进出境审核机构核对入境登记拍照记录，查验文物临时进境标识无误后标明文物出境标识，并由国务院文物行政主管部门发给文物出境许可证。

未履行本条第一款规定的手续临时进境的文物复出境的，依照本章关于文物出境的规定办理。

第五十三条　任何单位或者个人不得擅自剥除、更换、挪用或者损毁文物出境标识、文物临时进境标识。

第五章　特殊区域物品通关

本章所说的特殊区域是指海南岛、深圳沙头角边境特别管理区（俗称“中英街”）等区域，海关在这些区域实行特殊的管理政策。海南岛目前享受离岛免税购物政策，该政策是在充分考虑海南特殊的地理环境、产业结构和发展思路的前提下制定的特殊优惠政策。“中英街”由于其特殊的地理位置和历史背景，在海关监管方面也有着特殊的管理措施。本章将帮助旅客了解海南岛和“中英街”的特殊监管政策，为到上述地区旅游购物的人士提供一些参考。

第一节　海南岛离境退税、离岛免税

小赵是香港人，其所在的香港公司在海南岛接了一个新项目，小赵作为项目负责人被派驻海南岛已经五个多月了，好不容易项目上了轨道，小赵决定回香港休息几天。为了弥补这么长时间不在身边陪伴的“罪过”，小赵决定给老婆带份礼物。

听说从 2011 年 1 月 1 日起，海南岛开始实行离境退税，在定点商店买东西可以退税，小赵正好就住在海口其中一家定点商店附近，买了东西就可以直接去机场，还是很方便的。经过精心挑选，小赵买了一条精美的手表和一件晚礼服，总价 12 000 多元，接近小赵一个星期的工资了。商店工作人员审验了小赵的护照后，很快就开具了境外旅客购物离境退税申请单和购物发票。

“赵先生，这是您的境外旅客购物离境退税申请单和购物发票，请您收好，到机场办理有关海关手续就可以拿到退税了。另外，还要提醒您的是，在办完退税手续前，您买的这些申请退税的东西千万不要使用哦!”商店工作人员对小赵礼貌地说。

小赵一边收拾证件和单据，一边问：“除了手表和服装外，还有哪些东西是可以退税的呢?”

商店工作人员拿出一张宣传小册子递给小赵说：“离境退税的物品主要包括服装、鞋帽、化妆品、钟表、首饰、电器、文具、体育用品等，共 21 大类 324 种；另外，食品、烟、酒、汽车、摩托车、金银饰品等不能享受退税。这是介绍离境退税的宣传册，您可以再详细了解一下。”

对商店工作人员表示了感谢后，小赵就直接赶往海口美兰国际机场。在路上，小赵顺便扫了一眼刚才拿到的宣传册，海南离境退税率统一为 11%，在国内连续居住不超过 183 天的外国人和港澳台同胞都可以享受退税的优惠。掐指一算，小赵觉得庆幸，自己在海南居住的时间已经有五个多月，差点就超过 183 天了。

来到机场办好登机手续，小赵就前往海关申报台。小赵拿出境外旅客购物离境退税申请单和购物发票递给海关关员说：“您好，我要办理离境退税。”

海关关员礼貌地对小赵说：“请出示您的证件。”小赵连忙拿出港澳居民来往内地通行证递给海关关员。在海关关员审核的时候，小赵看到申报台旁边的公告栏里写着“海南离岛免税通关指南”，就指着公告栏问海关关员：“在海南岛买免税商品以后还可以退税吗?”

海关关员微笑着说：“您误会了，海南离岛免税和离境退税是两个概念。离岛免税购物是旅客在海南岛特定免税商店购买免税商品后乘飞机离开海南本岛但不离境，而离境退税是指外国人和港澳台同胞在海南退税定点商店购买退税物品后再办理退税。离境退税就是您正在办的手续，您应该有个大概了解，我就不详细介绍了，现在我给您介绍一下离岛免税的有关规定吧。

海南离岛免税购物是国家促进海南省旅游业发展的重要举措，要享受离岛免税购物的待遇必须满足以下 4 个条件：一是年满 16 周岁；二是乘坐飞机离开海南本岛但不离境的境内外旅客，包括海南岛内居民；三是岛内居民在本公历年度内未享受过离岛免税购物政策，非岛内居民在本公历年度内免税购物未满 2 次；四是在海南省特定的离岛免税商店内购买免税品。

另外，还要注意离岛免税的两个限制。第一个限制是离岛旅客每人每次免税购物金额累计限人民币 8 000 元（含 8 000 元），购买单一品种也有限量；此外，离岛旅客在按规定缴纳进境物品进口税的条件下，每人每次还可以购买 1 件单价 8 000 元以上的商品。第二个限制是旅客购买的免税品在海南省机场国内隔离区提取并乘机一次性全部携运离岛。"

听完海关关员的介绍，小赵还是有点疑惑，再次问："那这个购买东西的资格由谁来确定？是海关发证明吗？"

海关关员耐心解释道："关于身份资质的问题，离岛旅客购买免税品时，应当主动向免税店出示本人有效身份证件，并翔实提供本人离岛航班信息等。在隔离区提取商品前，海关将通过免税店传输的信息与旅客乘坐飞机的信息进行核对，并对旅客的身份证件，是否在限次、限额内购买免税品等信息进行核对。如果旅客提供虚假身份证件或离岛航班等信息，或者未按照规定将免税品携运离岛，或者违反其他规定的，将在 3 年内不得享受离岛免税购物政策。"

解释完，海关关员将港澳居民来往内地通行证、境外旅客购物离境退税申请单和购物发票交还给小赵，说："您离境退税的海关手续已办完，请到前方退税代理机构办理退税。"

"谢谢！"小赵沿着海关关员指的方向找到办理退税的地方，很快就办完了退税手续。

小赵觉得海南岛的离境退税还是挺好的，但是很多人不明白怎么办理，不如写个攻略发到网上让更多的人受益。

小赵攻略

1. 在海南岛居住不超过 183 天的外国人和港澳台地区居民都可以有离境退税的资格。

2. 离境退税的范围包含服装、鞋帽、化妆品、钟表、首饰、电器、文具、体育用品等 300 多种，食品、烟、酒、汽车、摩托车、金银饰品等不能享受退税。

3. 退税好像有个最低消费要求，如果没有记错的话应该是人民币 800 元，上不封顶，但必须全部带走，不能留在海南。

4. 购物以后记得让商店开境外旅客购物离境退税申请单和发票。

5. 到了机场先找海关办手续，然后去退税代理机构拿退税。

海关点评

1. **小赵总结的第一条中关于退税资质的表述不准确**。

外国人和港澳台同胞可以享受离境退税的政策优惠，但居住的地点不是限定于海南省，而是在国内居住不超过 183 天。

2. **小赵总结的第二条正确**。

离境退税的物品（表 5－1）主要包括服装、鞋帽、化妆品、钟表、首饰、电器、文具、体育用品等，共 21 大类 324 种；另外，食品、烟、酒、汽车、摩托车、金银饰品等不能享受退税。

3. **小赵总结的第三条部分表述错误**。

离境退税要求旅客同一日在同一退税定点商店购买退税物品金额达到人民币 800 元，但不是“上不封顶”。如果旅客购买的退税物品超出自用合理数量范围，海关不予办理退税签章手续。境外旅客办理退税手续后，应当立即将退税物品全部携运出境。

4. **小赵总结的第四和第五条表述正确**。

符合退税条件的境外旅客出境时，应当主动向海关申报，并提交境外旅客购物离境退税申请单（表5－2）、本人有效身份证件和退税物品。境外旅客所购退税物品属于中华人民共和国禁止出境物品范围内的，不得携运出境；境外旅客所购退税物品依照国家有关规定应当提交出境许可证件（证明）的，应当向海关提交相关证件（证明）。

有下列情形之一的，海关不予办理境外旅客购物离境退税签章手续：

（1）境外旅客购物离境退税申请单所列物品与交验物品不相符的；

（2）单证不相符的；

（3）超出自用合理数量范围的；

（4）离境日距退税物品购买日超过90天的；

（5）其他不符合离境退税规定的。

表5－1　海南岛离境退税物品目录

序号	物品类别	范围
1	纺织原材料及其制成品	纺织原材料：包括棉、麻、毛、真丝、人造丝及其他材料制线、丝、纱、绳，棉、麻、毛、真丝、人造纤维、合成纤维纺织品和针织品等。
		布：包括棉、麻、毛、真丝、人造丝及其他材料制的布。
		衣着：包括外衣裤、内衣裤、衬衫、T恤衫等。
		床上用品：包括毛毯、被子、床罩等。
		其他：包括棉、麻、毛、真丝制品，头巾、围巾、领带、帽子、手套、袜子、手帕、毛巾、浴巾、桌布、窗帘布等。

表5-1续

序号	物品类别	范围
2	皮革、皮毛及其制成品	皮革：包括皮革、皮毛。
		衣着：包括皮革、皮毛制成的衣着。
		其他：包括皮革、皮毛制成的围巾、帽子、手套、皮带、皮钱包、皮手袋、皮箱等。
3	鞋靴	皮鞋：包括各种皮革、皮毛制成的鞋。
		皮靴：包括各种皮革、皮毛制成的靴。
		运动鞋：包括日常生活中所穿着的各种材料制的具有运动休闲功能的鞋、靴。
		其他：包括鞋面、底、跟、鞋带、鞋油、鞋粉、橡胶及塑胶屐皮等。
4	表、钟及其配件、附件	各种手表，金表除外。
		钟：包括闹钟、座钟、挂钟、台钟、落地钟等。
		配件附件：包括各种表、钟的配件、附件，金制表壳、表带除外。
5	首饰	金、铂金类免税饰品以外的其他珍珠、水晶、贝类等饰品。
6	化妆品	香水：包括男士香水、古龙水、女士香水、中性香水、情侣香水、运动香水、简装香水、Q版香水、香水套装等。
		清洁类：包括洗面奶、卸妆水（乳）、清洁霜（蜜）、面膜、面膜粉、面膜膏、花露水、痱子粉、爽身粉、剃须膏、洗甲液、唇部卸妆液等。
		护理类：包括护肤膏（霜、乳液）、化妆水、发乳、发油、发蜡、焗油膏、护甲水（霜）、指甲硬化剂、润唇膏等。
		美容/修饰类：包括粉饼、胭脂、眼影、眼线笔（液）、眉笔、定型摩丝、发胶、染发剂、烫发剂、睫毛液（膏）、生发剂、脱毛剂、指甲油、唇膏、唇彩、唇线笔等。

表5－1续

序号	物品类别	范围
7	医疗、保健及美容器材	医疗器材：包括呼吸器具、矫形器具、夹板及其他骨折用具，血糖计、血糖试纸、电动洗眼机、红外线耳探热针、空气制氧机、治疗用雾化机、电动血压计、病人用拐杖、病人用轮椅等及上述物品的配件、附件。
		保健器材：包括按摩床、按摩椅等及上述物品的配件、附件。
		美容器材：包括蒸汽仪、喷雾器、化妆/美容专用工具等及上述物品的配件、附件。
8	厨卫用具	厨房用具：包括各种材料制的餐具、刀具、炊具、灶具，锅、壶、盘、碗、筷子、勺、铲、餐刀、餐叉、切菜刀、案板、削皮刀、手动绞肉机、食品研磨机、搅拌器、煤气灶、煤气点火器等。
		卫生用具、洁具：包括水龙头、淋浴用具等。
		厨房用具：包括微波炉、电磁炉、抽油烟机、家用洗碗机、电烤箱、电炉灶等电器类用具。
		卫生用具、洁具：包括电热水器等电器类用具。
9	家具	包括各种材料制的沙发、组合式家具、柜、橱、台、桌、椅、书架、床、床垫、坐垫等。
10	空调及其配件、附件	包括空气调节器及其配件、附件等。
11	电冰箱及其配件、附件	压缩式：包括单门式、双门式、三门式、多门式、双门对开式电冰箱等。
		其他：包括其他制冷方式如半导体制冷式电冰箱，各种冰柜等。
		配件附件：上述物品的配件、附件。
12	洗衣设备及其配件、附件	包括波轮式洗衣机、滚筒式洗衣机、干衣机/烘干机 、洗衣干衣一体机等及上述物品的配件、附件。

表5－1续

序号	物品类别	范围
13	电视机及其配件、附件	包括液晶电视机、等离子电视机、显像管（CRT）电视机、电视收音联合机、电视收音录音联合机、电视录像联合机等及上述物品的配件、附件。
14	摄影（像）设备及其配件、附件	包括照相机、数码照相机、摄像机、数码摄像机、照相制版机、照相机镜头、放大机，存储卡、胶卷、胶片、感光纸、镜箱、闪光灯、滤色镜、测光表、曝光表、遮光罩、水下摄影罩、半身镜、接镜环、取景器、自拍器、洗相盒、显影罐等。
15	影音家电及其配件、附件	包括录音笔、录音机、收音机、MP3播放机、MP4播放机、收录音机、数码录放音器、电唱机、激光电唱机、放像机、激光视盘机、（单）功能座、音箱、自动伴唱机、卡拉OK混音器等及上述物品的配件、附件。
16	计算机及其外围设备	包括个人计算机及其存储、输入、输出设备和附件、零部件。
17	文具用品	包括各种书写用具及材料、照相簿、集邮簿、印刷日历、月历、放大镜、绘图用具、绘图用颜料、装订用具、手摇、电动削铅笔器、算盘、誊写钢板等。
18	乐器	包括各类键盘弦乐器、风琴、手风琴、管乐器、打击乐器、节拍器、音叉和各种定音器等及上述乐器的配件、附件。
19	体育用品	高尔夫球及球具：包括高尔夫球杆、高尔夫球、高尔夫球包、高尔夫球手套、高尔夫球鞋。
		包括高尔夫球外各种球类，各种棋类、健身器具，一般体育活动、体操、竞技、游泳、滑冰、滑雪及其他户内外活动用具、鞋及其配件、附件，如航空、航海模型等。

表5－1续

序号	物品类别	范围
20	自行车、三轮车及其配件、附件	包括不带发动机、电动机的自行车、三轮车、童车，及上述物品的配件、附件。
21	其他物品	包括电话机、传真机、游戏机、缝纫机、编织机、剪草机、润滑油、油漆、室内装修用品、酒精，非皮质手提包、箱，香皂、牙膏、牙粉、牙线、漱口水、洗/护发液、浴液、洗手液，各类玩具、钓鱼用具、手动工具、便携式小型望远镜、眼镜、毛衣编织机，上述物品的配件、附件，工艺品等。
		包括便携式复印机、灯具、咖啡机、电动榨汁机、电风扇、电烫斗、电吹风机、电动剃须刀、电动毛发推剪器、地板打蜡机、增湿机、除湿机、增除湿一体机、电暖器、空气清新机、家用吸尘器、电压整流器、电插头、开关、电动工具、家用地毯洗涤机等居家室内常用电器用具，上述物品的配件、附件。

表 5-2 境外旅客购物离境退税申请单
REFUND APPLICATION FORM FOR OVERSEAS VISITORS

商店名称（章）: 开单日期: 年 月 日
Name of Retailer (Stamp) Date Y. M. D. NO. ________

姓名 Full Name of Applicant		证件类型 Passport Type		证件号码 Passport Number	
证件签发国/地区 Passport Issued by (Country/Region)			入境时间 Date of Entry into China		

商品明细 Items for Refund

序号 Number	商品名称 Name of Goods	数量 Quantity	计量单位 Unit	单价 Unit Price	金额 Amount Paid	退税率 Refund Rate	退税额 Amount To be Refunded	旅客申报退税数量 Declared Quantity	备注 Remarks
1									
2									
3									
4									
5									
6									
7									
8									
9									
10									
合计 Total									

旅客退税申请 Tourist Application	1. 退税方式: 现金□ 转账□ 开户行: 银行账号: Refund Mode: Cash Bank Transfer Bank Name Account No. 2. 退税币种: 人民币 美元 欧元 日元 Preferred Currency RMB□ USD□ EUR□ JPY□ 3. 电话: 旅客签名: Tel. Applicant's Signature 日期: 年 月 日 Date Y. M. D.
海关验放情况 Customs Approval	经办人: 签章: Official Stamp 旅客签名: 日期 年 月 日 Applicant's Signature Date Y. M. D.

第二节 “中英街”一日游

拉开窗帘，望着窗外蔚蓝的天空、高耸的大楼、洁净的街道和马路两边葱葱郁郁的绿化带，小赵真心觉得深圳这个城市不错。来深圳出差这么多天，还没有出去玩过呢，今天天气这么好，不出去转悠转悠真是对不起自己啊。“去哪里玩好呢?”小赵对世界之窗、东部华侨城这类人工景点没有什么兴趣。“对了，前段时间看新闻，好像说花 10 块钱就可以去‘中英街’，而且不需要跟团。得咧，今天就去‘中英街’。”小赵迅速定了行程。

小赵了解到办理边境特别管理区通行证的地点在广东边防办证中心，就在沙头角关口前方大约 100 米的地方。到了办证中心后，小赵根据提示填表—出示身份证—交钱—取证，也就十多分钟就拿到了通行证，非常方便，小赵对“深圳速度”再次表示了感叹。

过了边防，进入沙头角，小赵没有先去“中英街”，而是去拍摄界碑、古井、古榕之类的。小赵是一个摄影高手，这些栉风沐雨的历史印记在小赵的镜头里总能呈现出别样的色彩。

快乐不知时日过，不知不觉已经是日落西山了，小赵带着长长的影子来到了今天游玩的最后一站：闻名中外的“中英街”。这条长不到 0.5 公里，宽不到 7 米的街道两边商店林立，游人络绎不绝。来到“中英街”必不可少的一个项目就是购物，“中英街”的商品来自世界各地，品种齐全，价格便宜，看着旁边的人都拎着大包小包满载而归，很容易就会激起消费欲望。没多久，小赵手上就提了 2 个大袋子，里面满满当当地装着给女朋友和同事带的化妆品和给老妈的 2 个手袋。

重新回到验证大厅，看着长长的“人龙”，小赵不禁皱起了眉头。排了半个多小时的队，终于轮到小赵了。盖了章，小赵正准备往外走呢，一只手拦在了他的面前："先生您好，海关检查，请到这边来。"

检查工作进行得很快，没多久，海关关员就对小赵携带的东西作出了处理结果：放行价值人民币3 000元的化妆品，2个手袋和余下的化妆品作征税处理。

听到这个结果，小赵很是不解，大声说道："我带的东西不多，这2个手袋，才800多元一个；这些化妆品也不贵，数量也不是很多，况且又不是拿来卖的，凭什么要我交税！而且我知道你们海关的收税标准，5 000元以下是免税的，你别想忽悠我！"

"请您保持冷静。"海关关员和气地说道，"首先，关于您携带的物品的性质甄别问题。我们从您的身份特征、携带的物品、持有的证件等方面判断，您携带的物品是个人自用或者馈赠亲友的，并非用于牟利。

其次，关于验放标准的问题。根据深圳海关2002年7月1日公布的《中华人民共和国深圳海关关于进出沙头角边境特别管理区人员携带物品的管理规定》第6条，持一次性通行证的人员，可以携带价值人民币3 000元以内（含3 000元）的生活用品出区，其中单一品种物品以自用合理数量为限。您说的5 000元免税额是指一般的进出境口岸，不适用于沙头角边境特别管理区。

再次，关于征税的问题。根据《中华人民共和国深圳海关关于进出沙头角边境特别管理区人员携带物品的管理规定》第7条，出区人员携带物品超过规定的限值、限量，但仍属自用物品的，海关比照《中华人民共和国海关关于入境旅客行李物品和个人邮递物品征收进口税办法》办理有关物品的征税手续后予以放行，因此，我们要对您携带物品的超量部分进行征税。

此外，关于征税物品的选择，皮手袋的税率是20%，化妆品的税率是50%，我们放行您价值人民币3 000元的化妆品，手袋和超量的化妆品进行征税，已经是充分考虑了您的个人利益的。"

听完海关关员的解释，小赵才明白了是怎么回事，气也消了很多，毕竟海关还是为自己考虑了的，至少省了化妆品30%的税呢。心里舒服一些了，但小赵还是不罢休，说道："那你们为什么不提前说？直到我被查到了才告诉我限值3 000元？你们应该在商店那边就贴上公告！"

海关关员微笑着说："我们在进出境大厅都安装了公告栏，公告内容包括《中华人民共和国深圳海关关于进出沙头角边境特别管理区人员携带物品的管理规定》，您刚才排队候检的通道两边就有公告栏，只是您可能因为某些原因没有关注而已。"

"算上缴的税，我买的这些化妆品可能比国内卖的还贵呢！"小赵闷闷不乐，"那你说不用缴税的价值3 000元的物品，是按照我提供的购物小票来确定的吗？另外，这些化妆品我是用港币购买的，那缴税是用港币吗？"

海关关员耐心回答："我首先回答您第一个问题，根据《中华人民共和国深圳海关关于进出沙头角边境特别管理区人员携带物品的管理规定》第8条，进出管理区人员携带物品的价值是指海关认定的完税价格；关于您的第二个问题，根据《中华人民共和国进出口关税条例》，海关征收关税按人民币计征。"

面对始终面带微笑的海关关员，小赵也不好意思再发脾气，只能责怪自己来之前没有仔细了解情况。虽然被征了税，但小赵也有所收获，至少明白了"中英街"的免税限额和一些征税的知识。

为了提醒其他"不明真相"的群众，小赵决定写一个"'中英街'购物攻略"。

小赵攻略

1. 现在去"中英街"旅游确实不需要跟团了，带上居民身份证到广东边防办证中心办理边境特别管理区通行证就可以了，费用是10元。

2. 在“中英街”购物都是使用港币，建议先去银行兑换好了再进去。

3. “中英街”里面的东西确实比国内便宜点，甚至比香港的物价还要低一些，但免税额只有3 000元，也就是说，不管你买什么，只要在3 000元以内，海关是管不到的。

4. 有钱人可以不管3 000元的限额，想买什么就买，被海关查到以后缴税就可以了。

5. 被海关查到需要缴税的话，是需要用人民币的，建议还是要备一点人民币在身上，至于备多少现金，这个要看你自己需要买多少东西了。

海关点评

小赵总结的攻略大部分是正确的，但表述不完整，有的地方因其没有阅读规定全文而给出错误的建议。

1. **小赵总结的第一点和第二点基本正确**。

国内居民凭居民身份证去广东边防办证中心申办边境特别管理区通行证，但能否成功办理还要看广东边防办证中心的审核，建议先向广东边防办证中心咨询。

2. **小赵总结的第三点错误**。

持一次性通行证的出区人员，可以携带价值人民币3 000元以内（含3 000元）的生活用品出区，但注意还有一个“单一品种物品以自用合理数量为限”的限制，免税放行物品的品种、数量，由海关按照《进出沙头角边境特别管理区人员带出物品限量表》（表5－3）的具体标准执行验放。

3. **小赵总结的第四点错误**。

根据《中华人民共和国深圳海关关于进出沙头角边境特别管理区

人员携带物品的管理规定》第10条，进出管理区人员禁止携带《中华人民共和国禁止进出境物品表》所列的物品。

此外，根据《中华人民共和国深圳海关关于进出沙头角边境特别管理区人员携带物品的管理规定》第7条，出区人员携带物品超过规定的限值、限量，但仍属自用物品的，海关比照《中华人民共和国海关关于入境旅客行李物品和个人邮递物品征收进口税办法》办理有关物品的征税手续后予以放行。但如果旅客携带的物品超过规定的限值、限量，且不属自用物品的，就不是简单的征税了，海关将根据实际情况进行处理，旅客有可能因违反相关规定而受到处罚。

表5－3　进出沙头角边境特别管理区人员带出物品限量表

类别	品种	限量	
第一类物品	衣料、衣着、鞋、帽、工艺美术品、化妆品、摄影胶卷、金银首饰和其他金银制品及价值1 000元以下（含1 000元）的其他生活用品	持一次有效“往来边境特别管理区通行证”人员	自用合理数量范围内免税，总金额不超过人民币3 000元。其中价值人民币800元以上、1 000元以下的物品限一件。
		持长期“往来边境特别管理区通行证”的多次往返人员及其他人员	每日可一次性携带500元以内物品出区，单一品种在自用合理数量范围内免税。其中，化妆品限200元，摄影胶卷限5卷，金银首饰和其他金银制品限5克。
第二类物品	烟草制品 酒精饮料	持一次有效“往来边境特别管理区通行证”人员	免税香烟400支，或雪茄50支，或烟丝250克，免税12度以上酒精饮料限1瓶（0.75升以下）。
		持长期“往来边境特别管理区通行证”的多次往返人员及其他人员	免税香烟40支，或雪茄10支，或烟丝50克。

附录 1

海关总署公告 2007 年第 72 号

（关于在全国各对外开放口岸实行新的进出境旅客申报制度）

为进一步简化和规范进出境旅客申报手续，方便旅客进出境，迎接 2008 年北京奥运会及 2010 年上海世界博览会，海关总署经研究决定，自 2008 年 2 月 1 日起，在全国各对外开放口岸实行新的进出境旅客申报制度。现就有关事项公告如下：

一、进出境旅客没有携带应向海关申报物品的，无需填写“中华人民共和国海关进出境旅客行李物品申报单”（以下称“申报单”），选择“无申报通道”（又称“绿色通道”）通关。

二、除海关免于监管的人员以及随同成人旅行的 16 周岁以下旅客以外，进出境旅客携带有应向海关申报物品的，须填写“申报单”，向海关书面申报，并选择“申报通道”（又称“红色通道”）通关。

三、进境旅客携带有下列物品的，应在“申报单”相应栏目内如实填报，并将有关物品交海关验核，办理有关手续：

（一）动、植物及其产品，微生物、生物制品、人体组织、血液制品；

（二）居民旅客在境外获取的总值超过人民币 5 000 元（含 5 000 元，下同）的自用物品；

（三）非居民旅客拟留在中国境内的总值超过 2 000 元的物品；

（四）酒精饮料超过 1 500 毫升（酒精含量 12 度以上），或香烟超过 400 支，或雪茄超过 100 支，或烟丝超过 500 克；

（五）人民币现钞超过 2 0000 元，或外币现钞折合超过 5 000 美元；

（六）分离运输行李，货物、货样、广告品；

（七）其他需要向海关申报的物品。

四、出境旅客携带有下列物品的，应在“申报单”相应栏目内如实填报，并将有关物品交海关验核，办理有关手续：

（一）文物、濒危动植物及其制品、生物物种资源、金银等贵重金属；

（二）居民旅客需复带进境的单价超过 5 000 元的照相机、摄像机、手提电脑等旅行自用物品；

（三）人民币现钞超过 2 0000 元，或外币现钞折合超过 5 000 美元；

（四）货物、货样、广告品；

（五）其他需要向海关申报的物品。

五、非居民旅客返程出境时，如需要选择“申报通道”通关，可在其原进境时填写并经海关批注和签章的“申报单”上出境栏目内填写相关内容，或者另填写一份“申报单”，向海关办理出境申报手续。

居民旅客回程进境时，如需要选择“申报通道”通关，可在其原出境时填写并经海关批注和签章的“申报单”上进境栏目内填写相关内容，或者另填写一份《申报单》，向海关办理进境申报手续。

六、持有中华人民共和国政府主管部门给予外交、礼遇签证的进出境旅客，通关时应主动向海关出示本人有效证件，海关予以免验礼遇。

七、违反海关规定，逃避海关监管，携带国家禁止、限制进出境或者依法应当缴纳税款的货物、物品进出境的，海关将依据《中华人民共和国海关法》和《中华人民共和国海关行政处罚实施条例》予以处罚。

八、本公告自2008年2月1日起实施，原海关总署2005年第23号公告同时废止。

特此公告。

附录 2

中华人民共和国海关进出境印刷品及音像制品监管办法

第一条　为了规范海关对进出境印刷品及音像制品的监管，根据《中华人民共和国海关法》（以下简称《海关法》）及其他有关法律、行政法规的规定，制定本办法。

第二条　本办法适用于海关对运输、携带、邮寄进出境的印刷品及音像制品的监管。

进出境摄影底片、纸型、绘画、剪贴、手稿、手抄本、复印件及其他含有文字、图像、符号等内容的货物、物品的，海关按照本办法有关进出境印刷品的监管规定进行监管。

进出境载有图文声像信息的磁、光、电存储介质的，海关按照本办法有关进出境音像制品的监管规定进行监管。

第三条　进出境印刷品及音像制品的收发货人、所有人及其代理人，应当依法如实向海关申报，并且接受海关监管。

第四条　载有下列内容之一的印刷品及音像制品，禁止进境：

（一）反对宪法确定的基本原则的；

（二）危害国家统一、主权和领土完整的；

（三）危害国家安全或者损害国家荣誉和利益的；

（四）攻击中国共产党，诋毁中华人民共和国政府的；

（五）煽动民族仇恨、民族歧视，破坏民族团结，或者侵害民族风俗、习惯的；

（六）宣扬邪教、迷信的；

（七）扰乱社会秩序，破坏社会稳定的；

（八）宣扬淫秽、赌博、暴力或者教唆犯罪的；

（九）侮辱或者诽谤他人，侵害他人合法权益的；

（十）危害社会公德或者民族优秀文化传统的；

（十一）国家主管部门认定禁止进境的；

（十二）法律、行政法规和国家规定禁止的其他内容。

第五条　载有下列内容之一的印刷品及音像制品，禁止出境：

（一）本办法第四条所列内容；

（二）涉及国家秘密的；

（三）国家主管部门认定禁止出境的。

第六条　印刷品及音像制品进出境，海关难以确定是否载有本办法第四条、第五条规定内容的，依据国务院有关行政主管部门或者其指定的专门机构的审查、鉴定结论予以处理。

第七条　个人自用进境印刷品及音像制品在下列规定数量以内的，海关予以免税验放：

（一）单行本发行的图书、报纸、期刊类出版物每人每次10册（份）以下；

（二）单碟（盘）发行的音像制品每人每次20盘以下；

（三）成套发行的图书类出版物，每人每次3套以下；

（四）成套发行的音像制品，每人每次3套以下。

第八条　超出本办法第七条规定的数量，但是仍在合理数量以内的个人自用进境印刷品及音像制品，不属于本办法第九条规定情形的，海关应当按照《中华人民共和国进出口关税条例》有关进境物品进口税的征收规定对超出规定数量的部分予以征税放行。

第九条　有下列情形之一的，海关对全部进境印刷品及音像制品按照进口货物依法办理相关手续：

（一）个人携带、邮寄单行本发行的图书、报纸、期刊类出版物进境，每人每次超过50册（份）的；

（二）个人携带、邮寄单碟（盘）发行的音像制品进境，每人每次超过100盘的；

（三）个人携带、邮寄成套发行的图书类出版物进境，每人每次超过10套的；

（四）个人携带、邮寄成套发行的音像制品进境，每人每次超过10套的；

（五）其他构成货物特征的。

有前款所列情形的，进境印刷品及音像制品的收发货人、所有人及其代理人可以依法申请退运其进境印刷品及音像制品。

第十条　个人携带、邮寄进境的宗教类印刷品及音像制品在自用、合理数量范围内的，准予进境。

超出个人自用、合理数量进境或者以其他方式进口的宗教类印刷品及音像制品，海关凭国家宗教事务局、其委托的省级政府宗教事务管理部门或者国务院其他行政主管部门出具的证明予以征税验放。无相关证明的，海关按照《中华人民共和国海关行政处罚实施条例》（以下简称《实施条例》）的有关规定予以处理。

散发性宗教类印刷品及音像制品，禁止进境。

第十一条　印刷品及音像制品的进口业务，由国务院有关行政主管部门批准或者指定经营。未经批准或者指定，任何单位或者个人不得经营印刷品及音像制品进口业务。

其他单位或者个人进口印刷品及音像制品，应当委托国务院相关行政主管部门指定的进口经营单位向海关办理进口手续。

第十二条　除国家另有规定外，进口报纸、期刊、图书类印刷品，经营单位应当持国务院新闻出版行政主管部门的进口批准文件、目录清单、有关报关单证及其他需要提供的文件向海关办理进口手续。

第十三条　进口音像制品成品或者用于出版的音像制品母带（盘）、样带（盘），经营单位应当持“中华人民共和国文化部进口音像制品批准单”（以下简称“批准单”）、有关报关单证及其他需要提供的文件向海关办理进口手续。

第十四条　非经营音像制品性质的单位进口用于本单位宣传、培训及广告等目的的音像制品，应当按照海关的要求交验“批准单”、合同、有关报关单证及其他需要提供的文件；数量总计在200盘以下的，可以免领“批准单”。

第十五条　随机器设备同时进口，以及进口后随机器设备复出口的记录操作系统、设备说明、专用软件等内容的印刷品及音像制品进口时，进口单位应当按照海关的要求交验合同、发票、有关报关单证及其他需要提供的文件，但是可以免领“批准单”等批准文件。

第十六条　境外赠送进口的印刷品及音像制品，受赠单位应当向海关提交赠送方出具的赠送函和受赠单位的接受证明及有关清单。

接受境外赠送的印刷品超过100册或者音像制品超过200盘的，受赠单位除向海关提交上述单证外，还应当提交国务院有关行政主管部门的批准文件。

第十七条　出口印刷品及音像制品，相关单位应当依照有关法律、法规的规定，向海关办理出口手续。

第十八条　用于展览、展示的印刷品及音像制品进出境，主办或者参展单位应当按照国家有关规定向海关办理暂时进出境手续。

第十九条　运输、携带、邮寄国家禁止进出境的印刷品及音像制品进出境，如实向海关申报的，予以收缴，或者责令退回，或者在海关监管下予以销毁或者进行技术处理。

运输、携带、邮寄国家限制进出境的印刷品及音像制品进出境，如实向海关申报，但是不能提交许可证件的，予以退运。

第二十条　下列进出境印刷品及音像制品，由海关按照放弃货物、物品依法予以处理：

（一）收货人、货物所有人、进出境印刷品及音像制品所有人声明放弃的；

（二）在海关规定期限内未办理海关手续或者无人认领的；

（三）无法投递又无法退回的。

第二十一条　违反本办法，构成走私行为、违反海关监管规定行为或者其他违反《海关法》行为的，由海关依照《海关法》和《实施条例》的有关规定予以处理；构成犯罪的，依法追究刑事责任。

第二十二条　进入保税区、出口加工区及其他海关特殊监管区域和保税监管场所的印刷品及音像制品的通关手续，依照有关规定办理。

第二十三条　享有外交特权和豁免的外国驻中国使馆、领馆及人员，联合国及其专门机构以及其他与中国政府签有协议的国际组织驻中国代表机构及人员进出境印刷品及音像制品，依照有关规定办理。

第二十四条　各类境外企业或者组织在境内常设代表机构或者办事处（不包括外国人员子女学校）及各类非居民长期旅客、留学回国人员、短期多次往返旅客进出境公用或者自用印刷品及音像制品数量的核定和通关手续，依照有关规定办理。

第二十五条　本办法下列用语的含义：

印刷品，是指通过将图像或者文字原稿制为印版，在纸张或者其他常用材料上翻印的内容相同的复制品。

音像制品，是指载有内容的唱片、录音带、录像带、激光视盘、激光唱盘等。

散发性宗教类印刷品及音像制品，是指运输、携带、邮寄进境，不属于自用、合理数量范围并且具有明显传播特征，违反国家宗教事务法规及有关政策的印刷品及音像制品。

以下，包括本数在内。

第二十六条　本办法由海关总署负责解释。

第二十七条　本办法自 2007 年 6 月 1 日起施行。1991 年 6 月 11 日海关总署令第 21 号发布的《中华人民共和国海关对个人携带和邮寄印刷品及音像制品进出境管理规定》同时废止。

附录3

中华人民共和国进境物品归类表

税号	物品类别	范围	税率
01000000	食品、饮料	食品：包括水产品、乳制品、糖制品、调味品，燕窝、冬虫夏草、高丽参、红参、西洋参、人参、鹿茸、阿胶、奶粉及其他保健品、补品等； 饮料：包括茶叶、咖啡等其他非酒精类饮料。	10%
02000000	酒	包括啤酒、葡萄酒（香槟酒）、黄酒、果酒、清酒、米酒、白兰地、威士忌、伏特加、朗姆酒、金酒、白酒、药酒、保健酒、鸡尾酒、利口酒、龙舌兰、柯迪尔酒、梅子酒等用粮食、水果等含淀粉或糖的物质发酵或配制而成的含乙醇的酒精饮料。	50%
03000000	烟草	包括卷烟、雪茄烟、烟丝、烟叶、碎烟、烟梗、烟末等。	50%
04000000	纺织品及其制成品	衣着：包括外衣、外裤、内衣裤、衬衫/T恤衫、其他衣着等； 配饰：包括帽子、丝巾、头巾、围巾、领带、腰带、手套、袜子、手帕等； 家纺用品：包括毛毯、被子、枕头、床罩、睡袋、幔帐等； 其他：包括毛巾、浴巾、桌布、窗帘、地毯等。	20%
05000000	皮革服装及配饰	包括各式皮革服装及皮质配饰。	10%
06000000	箱包及鞋靴	箱：包括各种材质的箱子； 挎包、背包、提包：包括各种材质的挎包、背包、提包； 钱包、钥匙包：包括各种材质的钱包、钥匙包、卡片包； 其他：包括化妆包、包装袋（盒、箱）等。	10%
		鞋靴：包括皮鞋、皮靴、运动鞋、其他鞋靴等。	

续表

税号	物品类别	范围	税率
07000000	表、钟及其配件、附件	高档手表：审定价格在人民币 10000 元及以上的手表。	30%
		表：包括高档手表外其他各种表； 钟：包括座钟、挂钟、台钟、落地钟等； 配件附件：包括各种表、钟的配件、附件。	20%
08000000	金、银、珠宝及其制品、艺术品、收藏品	包括金、银、珠宝及其制品，艺术品、收藏品。	10%
09000000	化妆品	芳香类化妆品：包括各种香水、香体棒、止汗露、走珠香露等； 清洁/护理类化妆品：洗面奶（乳、皂）、洁面霜（露、蜜、粉、啫喱）、卸妆水（乳、膏、液、油）、鼻贴膜、去黑头膏（液）、剃须膏（泡沫）、洗甲液，面霜、眼霜、日霜、晚霜、冷霜、防晒霜、祛斑霜、护肤膏（霜、露、乳液、喷雾）、磨砂膏、按摩膏、精油、化妆水（含爽肤水、柔肤水、紧肤水、护肤水、收缩水）、须后水、隔离霜、面膜、面膜膏（粉）、眼膜、颈膜、护手霜、护甲水（霜、油）、指甲硬化剂、润唇膏、去角质膏（粉）、发乳、发油、发蜡、焗油膏、花露水、痱子粉、爽身粉等； 美容/修饰类化妆品：包括粉底、粉饼、胭脂、眼影、眼线笔（液）、眉笔、睫毛膏（液）、唇膏、唇彩、唇线笔、指甲油、发胶、发泥、定型水（啫喱、摩丝）等； 特殊功能类化妆品：丰（美、健）乳霜、纤体霜（膏）、健美霜、紧致霜、除臭露（剂）等。	50%

续表

税号	物品类别	范围	税率
10000000	家用医疗、保健及美容器材	医疗器材：包括呼吸器具、矫形器具、夹板及其他骨折用具，血糖计、血糖试纸、电动洗眼器、红外线耳探热针、空气制氧机、治疗用雾化机、电动血压计、病人用拐杖、病人用轮椅等及上述物品的配件、附件； 保健器材：包括按摩床、按摩椅等及上述物品的配件、附件； 美容器材：包括蒸汽仪、喷雾器、化妆/美容专用工具等及上述物品的配件、附件。	10%
11000000	厨卫用具及小家电	厨房用具：包括各种材料制的餐具、刀具、炊具、灶具，锅、壶、盘、碗、筷子、勺、铲、餐刀、餐叉、切菜刀、案板、削皮刀、手动绞肉机、手动食品研磨机、搅拌器、净水器、煤气灶、煤气点火器等； 卫生用具、洁具：包括水龙头、淋浴用具等； 其他家庭用具：包括电话机、传真机、游戏机、手动缝纫机或编织机等及上述物品的配件、附件。	10%
		电器类厨房用具：包括电饭煲、微波炉、电磁炉、抽油烟机、消毒碗柜、家用洗碗机、电烤箱、面包机、电炉灶、豆浆机、酸奶机、电动榨汁机、咖啡机、制冰机、饮水机、食品调理机、电动食品研磨机、煮蛋器等电器用具； 电器类卫生用具、洁具：包括电热水器等电器用具。 其他小家电：包括灯具、电动缝纫机或编织机、电动剪草机、便携式复印机、电风扇、电烫斗、电吹风机、电动剃须刀、电动毛发推剪器、地板打蜡机、增湿机、除湿机、增除湿一体机、电暖器、电热毯、空气清新机、家用吸尘器、家用地毯洗涤机等电器及上述物品的配件、附件等。	20%

续表

税号	物品类别	范围	税率
12000000	家具	包括各种材料制的沙发、组合式家具、柜、橱、台、桌、椅、书架、床、床垫、坐垫等。	10%
13000000	空调及其配件、附件	包括空气调节器及其配件、附件等。	20%
14000000	电冰箱及其配件、附件	包括各式电冰箱、冰柜、红酒柜及其配件、附件等。	20%
15000000	洗衣设备及其配件、附件	包括波轮式洗衣机、滚筒式洗衣机、干衣机/烘干机等及上述物品的配件、附件。	20%
16000000	电视机及其配件、附件	包括各式电视机、电视收音联合机、电视收音录音联合机、电视录像联合机等及上述物品的配件、附件。	20%
17000000	摄影（像）设备及其配件、附件	包括照相机、摄像机、照相制版机、放大机、数码相框、存储卡、胶卷、胶片、感光纸、镜箱、闪光灯、滤色镜、测光表、曝光表、遮光罩、水下摄影罩、半身镜、接镜环、取景器、自拍器、洗相盒、显影罐等。	10%
		电视摄像机	20%
18000000	影音设备及其配件、附件	包括录音笔、录音机、收音机、MP3 播放机、MP4 播放机、收录音机、数码录放音器、电唱机、激光电唱机、放像机、录像机、激光视盘机、（单）功能座、音箱、自动伴唱机、卡拉 OK 混音器等及上述物品的配件、附件。	20%
19000000	计算机及其外围设备	包括个人计算机及其存储、输入、输出设备和附件、零部件。	10%
20000000	书报、刊物及其他各类印刷品	包括书报、刊物及其他各类印刷品。	10%

续表

税号	物品类别	范围	税率
21000000	教育专用的电影片、幻灯片、原版录音带、录像带	包括教育专用的电影片、幻灯片、原版录音带、录像带、地球仪、解剖模型、人体骨骼模型、教育用示意牌等。	10%
22000000	文具用品及玩具	包括各种书写用具及材料、照相簿、集邮簿、印刷日历、月历、放大镜、望远镜、眼镜、绘图用具、绘图用颜料、装订用具、削铅笔器、算盘、电子计算器、电子字典/记事簿、电子（纸）书、誊写钢板等各种文具用品及玩具。	10%
23000000	邮票	包括中国大陆及境外各种邮票、小型张、纪念封等。	10%
24000000	乐器	包括各种键盘类、弓弦类、拨弦类、打击类、管乐类等乐器及节拍器、音叉、定音器等器具及上述乐器的配件、附件。	10%
25000000	体育用品	高尔夫球及球具：包括高尔夫球杆、高尔夫球、高尔夫球包、高尔夫球手套、高尔夫球鞋。	30%
		除高尔夫球以外各种球类，各种棋类、健身器具、航空和航海模型、钓具等，一般体育活动、体操、竞技、游泳、滑冰、滑雪及其他户内外活动用具及其配件、附件。	10%
26000000	自行车、三轮车、童车及其配件、附件	包括不带发动机、电动机的自行车、三轮车、童车等，及上述物品的配件、附件。	20%
27000000	其他物品	其他不能归入上述类别的物品。	10%

附录 4

中华人民共和国进境物品完税价格表

税　号	品名及规格	单位	完税价格（人民币：元）	税率
01000000	食品、饮料			
01010000	—食品			
01010100	——水产品			
01010110	——干鱼翅	千克	3000	10%
01010120	——干鲍鱼	千克	5000	10%
01010130	——干海参	千克	1500	10%
01010140	——干瑶柱	千克	700	10%
01010150	——干海马、干海龙	千克	1500	10%
01010160	——鱼肚（花胶）	千克	1500	10%
01010190	——其他水产品	千克	另行确定	10%
01010200	——燕窝			
01010210	——燕盏	千克	30000	10%
01010220	——燕饼（燕丝、燕条）	千克	15000	10%
01010230	——燕碎	千克	5000	10%
01010290	——其他燕窝制品	千克	另行确定	10%
01010300	——冬虫夏草	千克	100000	10%
01010400	——参	千克	1500	10%
01010500	——鹿茸	千克	2000	10%
01010600	——阿胶	千克	250	10%
01010700	——奶粉	千克	200	10%
01010800	——调味品	千克	200	10%
01019900	——其他食品	千克	另行确定	10%
01020000	—饮料			
01020100	——茶叶	千克	200	10%

续表

税　号	品名及规格	单位	完税价格（人民币：元）	税率
01020200	——咖啡	千克	200	10%
01029900	——其他饮料	千克	另行确定	10%
02000000	—酒			
02010000	—啤酒			
02010100	——12 度以下（不含 12 度）	瓶（不超过 750 毫升）	5	50%
02010200	——12 度至 22 度（不含 22 度）	瓶（不超过 750 毫升）	10	50%
02020000	—葡萄酒			
02020100	——12 度以下（不含 12 度）	瓶（不超过 750 毫升）	100	50%
02020200	——12 度至 22 度（不含 22 度）	瓶（不超过 750 毫升）	200	50%
02030000	—清酒			
02030100	——12 度以下（不含 12 度）	瓶（不超过 750 毫升）	30	50%
02030200	——12 度至 22 度（不含 22 度）	瓶（不超过 750 毫升）	50	50%
02030300	——22 度及以上	瓶（不超过 750 毫升）	80	50%
02040000	—白兰地	瓶（不超过 750 毫升）	500	50%

续表

税　号	品名及规格	单位	完税价格（人民币：元）	税率
02050000	—威士忌	瓶（不超过750毫升）	300	50%
02060000	—伏特加	瓶（不超过750毫升）	100	50%
02070000	—白酒	瓶（不超过750毫升）	300	50%
02080000	—药酒	瓶（不超过750毫升）	200	50%
02990000	—其他酒	瓶（不超过750毫升）	另行确定	50%
03000000	烟草			
03010000	—卷烟	支	0.5	50%
03020000	—雪茄烟	支	10	50%
03030000	—烟丝	克	0.5	50%
03990000	—其他烟	克、支	另行确定	50%
04000000	纺织品及其制成品			
04010000	—衣着			
04010100	——外衣	件	300	20%
04010200	——外裤	条	200	20%
04010300	——内衣裤	条/件	100	20%
04010400	——衬衫/T恤衫	件	200	20%
04019900	——其他衣着	件	另行确定	20%

续表

税　号	品名及规格	单位	完税价格（人民币：元）	税率
04020000	—配饰			
04020100	——帽子	件	100	20%
04020200	——丝巾、头巾、围巾	条	100	20%
04020300	——领带	条	100	20%
04020400	——腰带	条	100	20%
04020500	——手套	双	100	20%
04029900	——其他配饰	件	另行确定	20%
04030000	—家纺用品			
04030100	——毛毯、被子、床罩、睡袋	床、件	400	20%
04030200	——枕头、床单、毛巾被、被套	条、件	100	20%
04030300	——地毯	平方米	200	20%
04030400	——窗帘	千克	100	20%
04039900	——其他家纺用品	件	另行确定	20%
04990000	—其他纺织品及其制成品	件	另行确定	20%
05000000	皮革服装及配饰			
05010000	—皮革服装			
05010100	——裘皮衣	件	另行确定	10%
05010200	——皮大衣	件	2000	10%
05010300	——皮上衣	件	1500	10%
05010400	——皮背心	件	1000	10%
05010500	——皮裤	件	1000	10%
05010600	——皮裙	件	1000	10%

续表

税　号	品名及规格	单位	完税价格（人民币：元）	税率
05019900	——其他皮革服装	件	另行确定	10%
05020000	—皮革配饰			
05020100	——皮帽	件	200	10%
05020200	——皮带	条	100	10%
05020300	——皮手套	双	100	10%
05029900	——其他皮革配饰	件	另行确定	10%
05990000	—其他皮革制品（箱包和鞋靴除外）	件	另行确定	10%
06000000	箱包和鞋靴			
06010000	—箱包			
06010100	——箱	个	500	10%
06010200	——挎包、背包、提包	个	200	10%
06010300	——钱包、钥匙包	个	100	10%
06019900	——其他箱包	个	另行确定	10%
06020000	—鞋靴			
06020100	——皮鞋	双	300	10%
06020200	——皮靴	双	400	10%
06020300	——运动鞋	双	200	10%
06029900	——其他鞋靴	双	另行确定	10%
07000000	表、钟及其配件、附件			
07010000	—表			
07010100	——高档手表（审定价格在人民币 10000 元及以上）	块	另行确定	30%
07010200	——其他表			

续表

税　号	品名及规格	单位	完税价格（人民币：元）	税率
07010210	——石英表（电子表）	块	200	20%
07010220	——机械表	块	500	20%
07010290	——其他表	块	另行确定	20%
07020000	—钟			
07020100	——座钟、挂钟、台钟	个、台	200	20%
07020200	——落地钟	台	600	20%
07029900	——其他钟	台	另行确定	20%
07030000	—钟表配件、附件	件	另行确定	20%
08000000	金、银、珠宝及其制品、艺术品、收藏品			
08010000	—金、银及其制品	件	另行确定	10%
08020000	—珠、宝及其制品	件	另行确定	10%
08030000	—艺术品、收藏品	件	另行确定	10%
09000000	化妆品			
09010000	—芳香类化妆品			
09010100	——香水	瓶	300	50%
09019900	——其他芳香类化妆品	件	另行确定	50%
09020000	—清洁/护理类化妆品			
09020100	——洗面奶/洁面霜	支、瓶	100	50%
09020200	——眼霜	支、瓶	200	50%
09020300	——面霜及乳液	支、瓶	200	50%
09020400	——精华液/素	支、瓶	300	50%
09020500	——润唇膏	支	20	50%
09020600	——面膜	张、瓶	20	50%

续表

税　号	品名及规格	单位	完税价格（人民币：元）	税率
09020700	——爽肤水	支、瓶	150	50%
09020800	——护手霜	支、瓶	50	50%
09020900	——防晒霜（露、乳液）	支	150	50%
09029900	——其他清洁/护理类化妆品	支	另行确定	50%
09030000	—美容/修饰类化妆品			
09030100	——粉底及粉底液	盒、支	200	50%
09030200	——睫毛液（膏）	支、瓶	100	50%
09030300	——指甲油	瓶	20	50%
09030400	——唇膏	支	150	50%
09039900	——其他美容/修饰类化妆品	件	另行确定	50%
09040000	—特殊功能类化妆品	件	另行确定	50%
10000000	家用医疗、保健及美容器材			
10010000	—家用医疗器材			
10010100	——血糖计	个	500	10%
10010200	——血糖试纸	张	5	10%
10010300	——红外线耳探热针	个	200	10%
10010400	——家用雾化机	台	2000	10%
10010500	——血压计	个	500	10%
10019900	——其他家用医疗器材	件	另行确定	10%
10020000	—家用保健器材			
10020100	——按摩床	张	10000	10%
10020200	——按摩椅	张	5000	10%
10029900	——其他家用保健器材	件	另行确定	10%

续表

税号	品名及规格	单位	完税价格（人民币：元）	税率
10030000	—家用美容器材			
10030100	——蒸汽仪	台	200	10%
10030200	——喷雾器	台	400	10%
10039900	——其他家用美容器材	台	另行确定	10%
11000000	厨卫用具及小家电			
11010000	—厨房用具			
11010100	——餐具/刀具	个、把	20	10%
11010200	——炊具	件	100	10%
11010300	——灶具	件	1000	10%
11010400	——净水器（含过滤芯）	个	500	10%
11010500	——净水器过滤芯	个	200	10%
11011100	——电饭煲	个	500	20%
11011200	——微波炉	台	600	20%
11011300	——电磁炉	台	800	20%
11011400	——抽油烟机	台	1000	20%
11011500	——家用洗碗机	台	1500	20%
11011600	——电动榨汁机	台	100	20%
11011700	——咖啡机	台	4000	20%
11019900	——其他厨房用具			
11019910	——其他厨房非电动用具	件、个	另行确定	10%
11019990	——其他厨房小电器	台	另行确定	20%
11020000	—卫生用具、洁具			
11020100	——卫生间非电动用具	件	另行确定	10%

续表

税　号	品名及规格	单位	完税价格（人民币：元）	税率
11021100	——卫生间小电器			
11021110	——电热水器	台	1000	20%
11021120	——电吹风机	个	200	20%
11021130	——电动剃须刀	个	200	20%
11021140	——电动牙刷	个	200	20%
11021190	——其他卫生间小电器	台	另行确定	20%
11030000	—小家电			
11030100	——电话机			
11030110	——普通电话机	台	200	10%
11030120	——手持移动电话机	台		
11030121	——键盘式手持移动电话机	台	1000	10%
11030122	——触屏式手持移动电话机	台	另行确定	10%
11030130	——电话传真机	台	1000	10%
11030140	——可视电话机	台	1000	10%
11030150	——电话机配件、附件	件	另行确定	10%
11030190	——其他电话机	台	另行确定	10%
11030200	——游戏机			
11030210	——便携式游戏机	台	1000	10%
1103022	——游戏机配件、附件			
11030221	——游戏碟、盘、卡	张、个	60	10%
11030222	——游戏机遥控器、控制器	个	200	10%
11030229	——其他游戏机配件、附件	件	另行确定	10%
11030290	——其他游戏机	台	另行确定	10%

续表

税　号	品名及规格	单位	完税价格（人民币：元）	税率
11030300	——手动缝纫机、编织机	台	400	10%
11031100	——便携式复印机	台	1500	20%
11031200	——电风扇	台	400	20%
11031300	——电熨斗	台	200	20%
11031400	——电暖器	台	400	20%
11031500	——增/除湿机、增除湿一体机	台	1500	20%
11031600	——空气清新机	台	1000	20%
11031700	——吸尘器	台	500	20%
11031800	——地板打蜡机	台	500	20%
11031900	——电动剪草机	台	2000	20%
11032000	——电动缝纫机、编织机	台	2000	20%
11032100	——灯具	台、件	另行确定	20%
11039900	——其他家庭用具、小家电			
11039910	——其他家庭用具	件、个	另行确定	10%
11039990	——其他小家电	台	另行确定	20%
12000000	家具			
12010000	—实木家具	件	另行确定	10%
12020000	—皮质家具	件	1000	10%
12030000	—藤、竹质家具	件	600	10%
12990000	—其他家具	件	另行确定	10%
13000000	空调及其配件、附件			
13010000	—空调			
13010100	——1 匹及以下	台	2000	20%

续表

税　号	品名及规格	单位	完税价格（人民币：元）	税率
13010200	——1 匹以上 2 匹以下（含 2 匹）	台	4000	20%
13010300	——2 匹以上 3 匹以下（含 3 匹）	台	6000	20%
13010400	——3 匹以上	台	另行确定	20%
13020000	—空调配件、附件	个	另行确定	20%
13990000	—其他空调	台	另行确定	20%
14000000	电冰箱及其配件、附件			
14010000	—电冰箱、冰柜			
14010100	——100 公升及以下	台	1000	20%
14010200	——101－200 公升	台	2000	20%
14010300	——201－250 公升	台	3000	20%
14010400	——251－300 公升	台	5000	20%
14010500	——301－400 公升	台	10000	20%
14010600	——401－500 公升	台	15000	20%
14010700	——501 公升及以上	台	另行确定	20%
14020000	—红酒柜			
14020100	——12 瓶及以下	台	1000	20%
14020200	——13－18 瓶	台	2000	20%
14020300	——19－45 瓶	台	3000	20%
14020400	——46－75 瓶	台	4000	20%
14020500	——76－120 瓶	台	5000	20%
14020600	——121 瓶及以上	台	另行确定	20%
14030000	—电冰箱配件、附件	件	另行确定	20%

续表

税　号	品名及规格	单位	完税价格（人民币：元）	税率
14990000	—其他电冰箱	台	另行确定	20%
15000000	洗衣设备及其配件、附件			
15010000	—洗衣机			
15010100	——波轮式	台	1000	20%
15010200	——滚筒式	台	3000	20%
15020000	—干衣机/烘干机	台	2000	20%
15030000	—洗衣设备配件、附件	件	另行确定	20%
15990000	—其他洗衣设备	台	另行确定	20%
16000000	电视机及其配件、附件			
16010000	—电视机			
16010100	——22 英寸及以下	台	1000	20%
16010200	——23 英寸至 32 英寸	台	2000	20%
16010300	——33 英寸至 39 英寸	台	4000	20%
16010400	——40 英寸至 42 英寸	台	6000	20%
16010500	——43 英寸至 45 英寸	台	8000	20%
16010600	——46 英寸至 49 英寸	台	10000	20%
16010700	——50 英寸至 54 英寸	台	20000	20%
16010800	——55 英寸至 59 英寸	台	30000	20%
16010900	——60 英寸至 64 英寸	台	35000	20%
16011000	——65 英寸以上	台	另行确定	20%
16020000	—电视机配件、附件	件、个	另行确定	20%
16990000	—其他电视机	台	另行确定	20%
17000000	摄影（像）设备及其配件、附件			

续表

税　号	品名及规格	单位	完税价格（人民币：元）	税率
17010000	—照相机			
17010100	——数码照相机			
17010110	———一体式数码照相机	台	2000	10%
17010120	——镜头可拆卸式数码照相机			
17010121	——可拆卸式数码照相机机身	台	5000	10%
17010122	——可拆卸式数码照相机镜头	个	2000	10%
17019900	——其他照相机	台	另行确定	10%
17020000	—摄像机			
17020100	——便捷式摄录一体机	台	4000	10%
17020200	——电视摄像机	台	另行确定	20%
17030000	—摄影（像）设备配件、附件			
17030100	——数码存储卡			
17030110	——存储容量 8G 及以下	个	50	10%
17030120	——存储容量 8G 以上	个	200	10%
17030200	——闪光灯	个	500	10%
17030300	——支架	个	300	10%
17030400	——胶卷	个	20	10%
17030500	——数码相框	台	500	10%
17039900	——其他摄影（像）设备配件、附件	件	另行确定	10%
17990000	—其他摄影（像）设备	台、件	另行确定	10%

续表

税　号	品名及规格	单位	完税价格（人民币：元）	税率
18000000	影音设备及其配件、附件			
18010000	—便携式影音设备			
18010100	——录音笔	台	200	20%
18010200	——录音机	台	200	20%
18010300	——收音机	台	200	20%
18010400	——MP3 播放器（音频多媒体播放器）	台	100	20%
18010500	——MP4 播放器（视频多媒体播放器）	台	500	20%
18019900	——其他便携式影音设备	台	另行确定	20%
18020000	—音响设备			
18020100	——电唱机（含便携式激光唱机）	台	500	20%
18020200	——放像机	台	500	20%
18020300	——录像机	台	800	20%
18020400	——激光视盘机（LD、VCD、DVD 等）	台	500	20%
18020500	——（单）功能座（功放、调谐、均衡等）	台	1000	20%
18020600	——音箱	个	1000	20%
18020700	——便携式收音、录音、激光唱盘一体机	台	1000	20%
18029900	——其他音响设备	件	另行确定	20%
18030000	—影音设备配件、附件			
18030100	——唱片	张	50	20%

续表

税　号	品名及规格	单位	完税价格 （人民币：元）	税率
18030200	——录音带（非教育专用）	盘	10	20%
18030300	——录像带（非教育专用）	盘	30	20%
18030400	——激光唱盘（CD）	张	30	20%
18030500	——激光视盘 （LD、VCD、DVD等）	张	50	20%
18039900	——其他影音设备配件、附件	个、件	另行确定	20%
18990000	—其他影音设备	个、台	另行确定	20%
19000000	计算机及其外围设备			
19010000	—计算机			
19010100	——台式个人计算机主机	台	2000	10%
19010200	——主机、显示器一体机	台	3000	10%
19010300	——笔记本电脑（含平板电脑、掌上电脑、上网本等）	台		
19010310	——键盘式笔记本电脑	台	2000	10%
19010320	——触屏式笔记本电脑	台	另行确定	10%
19010400	——计算机配件			
19010410	——主板	块	500	10%
19010420	——中央处理器（CPU）	个	500	10%
19010430	——内存条			
19010431	——4G及以下	条	200	10%
19010432	——4G以上	条	300	10%
19010440	——功能卡	块	300	10%
19010490	——其他计算机配件	块、个	另行确定	10%

续表

税　号	品名及规格	单位	完税价格（人民币：元）	税率
19019900	——其他计算机	台	另行确定	10%
19020000	—计算机外围设备			
19020100	——鼠标	个	50	10%
19020200	——键盘	个	80	10%
19020300	——音箱	个	50	10%
19020400	——显示器			
19020410	——液晶显示器			
19020411	——19 英寸及以下	台	800	10%
19020412	——19 英寸以上，24 英寸及以下	台	1200	10%
19020413	——24 英寸以上	台	另行确定	10%
19020420	——显像管（CRT）显示器			
19020421	——17 英寸及以下	台	300	10%
19020422	——17 英寸以上	台	500	10%
19020490	——其他显示器	台	另行确定	10%
19020500	——打印机			
19020510	——激光打印机			
19020511	——黑白激光打印机	台	1000	10%
19020512	——彩色激光打印机	台	3000	10%
19020520	——喷墨打印机	台	500	10%
19020530	——针式打印机	台	1000	10%
19020540	——多功能一体打印机			
19020541	——喷墨多功能一体打印机	台	600	10%

续表

税号	品名及规格	单位	完税价格（人民币：元）	税率
19020542	——激光多功能一体打印机	台	1500	10%
19020590	——其他打印机	台	另行确定	10%
19020600	——扫描仪	台	1000	10%
19020700	——视频投影仪	台	5000	10%
19020800	——驱动器			
19020810	——CD	台	100	10%
19020820	——DVD	台	200	10%
19020890	——其他驱动器	台	另行确定	10%
19020900	——存储器			
19020910	——硬盘/移动硬盘			
19020911	——1T 及以下	个	300	10%
19020912	——1T 以上 2T 以下（含 2T）	个	500	10%
19020913	——2T 以上	个	另行确定	10%
19020920	——U 盘	个	50	10%
19020990	——其他存储器	个、盒	另行确定	10%
19029900	——其他计算机外围设备	台	另行确定	10%
20000000	书报、刊物及其他各类印刷品		另行确定	10%
21000000	教育专用的电影片、幻灯片、原版录音带、录像带			
21010000	—幻灯片	片	10	10%
21020000	—录音带	盘	10	10%
21030000	—录像带	盘	50	10%

续表

税　号	品名及规格	单位	完税价格（人民币：元）	税率
21990000	—其他教育专用影片、录音、录像带	件	另行确定	10%
22000000	文具用品、玩具			
22010000	—文具用品			
22010100	——电子计算器	个	200	10%
22010200	——电子字典/记事簿	个	300	10%
22010300	——电子（纸）书	台	800	10%
22010400	——笔	支	50	10%
22019900	——其他文具用品	件	另行确定	10%
22020000	—玩具	件	另行确定	10%
23000000	邮票			
23010000	—中国邮票、小型张、纪念封	张	另行确定	10%
23020000	—港澳台、外国邮票	张	5	10%
23030000	—港澳台、外国小型张、纪念封	张	10	10%
24000000	乐器			
24010000	—钢琴			
24010100	——三角钢琴	架	90000	10%
24010200	——立式钢琴	架	15000	10%
24010300	——电子钢琴	架	5000	10%
24019900	——其他钢琴	架	另行确定	10%
24020000	—电子琴			
24020100	——49 键以下	台	800	10%
24020200	——49 键及以上	台	3000	10%
24030000	—萨克斯	把	10000	10%

续表

税　号	品名及规格	单位	完税价格（人民币：元）	税率
24040000	—电子吉他	把	2000	10%
24050000	—数码小提琴	把	5000	10%
24060000	—长、短笛	支	5000	10%
24070000	—单簧管	支	4000	10%
24080000	—双簧管	支	10000	10%
24090000	—古筝	架	2000	10%
24990000	—其他乐器	件	另行确定	10%
25000000	体育用品			
25010000	—高尔夫球及球具			
25010100	——球杆	根	1000	30%
25010200	——球	个	20	30%
25019900	——其他高尔夫球具	件	另行确定	30%
25020000	—运动器具			
25020100	——网球拍	个	500	10%
25020200	——羽毛球拍	个	300	10%
25029900	——其他运动器具	件	另行确定	10%
25030000	—多功能健身器具			
25030100	——跑步机	件	2000	10%
25030200	——健身车	件	1000	10%
25030300	——综合训练器	件	3000	10%
25039900	——其他多功能健身器具	件	另行确定	10%
25990000	—其他体育用品	件	另行确定	10%
26000000	自行车、三轮车、童车及其配件、附件			

续表

税　号	品名及规格	单位	完税价格（人民币：元）	税率
26010000	—自行车	辆	500	20%
26020000	—三轮车	辆	500	20%
26030000	—童车	辆	200	20%
26040000	—自行车、三轮车、童车配件、附件	件	另行确定	20%
27000000	其他物品	件	另行确定	10%

书目介绍

乐 贸 系 列

外贸操作实务子系列

书名	作者	定价	书号	出版时间
1. 出口营销实战(第三版)	黄泰山	45.00 元	978-7-80165-932-3	2013 年 1 月第 3 版
2. 外贸实务疑难解惑 220 例	张浩清	38.00 元	978-7-80165-853-1	2012 年 1 月第 1 版
3. 外贸高手客户成交技巧	毅 冰	35.00 元	978-7-80165-841-8	2012 年 1 月第 1 版
4. 外贸纠纷处理实务——案例与技巧	熊志坚	35.00 元	978-7-80165-789-3	2011 年 1 月第 1 版
5. 报检七日通	徐荣才 朱瑾瑜	22.00 元	978-7-80165-715-2	2010 年 8 月第 1 版
6. 实用外贸技巧助你轻松拿订单	王陶(波锅涅)	25.00 元	978-7-80165-724-4	2010 年 4 月第 1 版
7. 外贸业务经理人手册(第 2 版)	陈文培	39.00 元	978-7-80165-671-1	2010 年 1 月第 1 版
8. 外贸实用工具手册	本书编委会	32.00 元	978-7-80165-558-5	2009 年 1 月第 1 版
9. 外贸实务经验分享 33 例	沱沱网中文站	28.00 元	978-7-80165-560-8	2009 年 1 月第 1 版
10. 外贸实务案例精华 80 篇	刘德标 吴珊红	29.80 元	978-7-80165-561-5	2009 年 1 月第 1 版
11. 外贸七日通(最新修订版)	黄海涛(深海鱿鱼)	22.00 元	978-7-80165-397-0	2008 年 8 月第 3 版
12. 金牌外贸业务员找客户——17 种方法·案例·评析	陈念祥 张思羽	35.00 元	978-7-80165-543-1	2008 年 8 月第 2 版
13. 出口营销策略(《出口营销实战》升级版)	黄泰山 冯斌	35.00 元	978-7-80165-459-5	2008 年 5 月第 1 版

出口风险管理子系列

书名	作者	定价	书号	出版时间
1. 轻松应对出口法律风险	韩宝庆	39.80 元	978-7-80165-822-7	2011 年 9 月第 1 版
2. 出口风险管理实务(第二版)	冯 斌	48.00 元	978-7-80165-725-1	2010 年 4 月第 2 版
3. 50 种出口风险防范	王新华 陈丹凤	35.00 元	978-7-80165-647-6	2009 年 8 月第 1 版

外贸单证操作子系列

书名	作者	定价	书号	出版时间
1. 跟单信用证一本通	何源	35.00 元	978-7-80165-849-4	2012 年 1 月第 1 版
2. 信用证审单有问有答 280 例	李一平 徐珺	37.00 元	978-7-80165-761-9	2010 年 8 月第 1 版
3. 外贸单证经理的成长日记	曹顺祥	38.00 元	978-7-80165-716-9	2010 年 3 月第 1 版
4. 外贸单证解惑 280 例	龚玉和 齐朝阳	38.00 元	978-7-80165-638-4	2009 年 7 月第 1 版
5. 跟单高手教你做跟单	汪 德	32.00 元	978-7-80165-623-0	2009 年 4 月第 1 版

福步外贸高手子系列

1. 巧用外贸邮件拿订单	刘　裕	45.00 元	978-7-80165-966-8	2013 年 8 月第 1 版
2. 小小开发信　订单滚滚来——外贸开发信写作技巧及实用案例分析	薄如骢	26.00 元	978-7-80165-551-6	2008 年 8 月第 1 版
3. 外贸技巧与邮件实战	刘　云	28.00 元	978-7-80165-536-3	2008 年 7 月第 1 版

国际物流操作子系列

货代高手教你做货代——优秀货代笔记	何银星	25.00 元	978-7-80165-696-4	2010 年 1 月第 1 版

通关实务子系列

1. 外贸企业轻松应对海关估价	熊　斌　赖　芸　王卫宁	35.00 元	978-7-80165-895-1	2012 年 9 月第 1 版
2. 报关实务一本通（第 2 版）	苏州工业园区海关	35.00 元	978-7-80165-889-0	2012 年 8 月第 2 版

彻底搞懂子系列

1. 彻底搞懂信用证（第二版）	王腾　曹红波	35.00 元	978-7-80165-840-1	2011 年 11 月第 2 版
2. 彻底搞懂中国自由贸易区优惠	刘德标　祖月	34.00 元	978-7-80165-762-6	2010 年 8 月第 1 版
3. 彻底搞懂提单	张敏　赵通	29.80 元	978-7-80165-602-5	2009 年 6 月第 1 版
4. 彻底搞懂关税	孙金彦	29.00 元	978-7-80165-618-6	2009 年 6 月第 1 版

外贸英语实战子系列

1. 十天搞定外贸函电	毅　冰	38.00 元	978-7-80165-898-2	2012 年 10 月第 1 版
2. 外贸高手的口语秘籍	李　凤	35.00 元	978-7-80165-838-8	2012 年 2 月第 1 版
3. 外贸英语函电实战	梁金水	25.00 元	978-7-80165-705-3	2010 年 1 月第 1 版
4. 外贸英语口语一本通	刘新法	29.00 元	978-7-80165-537-0	2008 年 8 月第 1 版

外贸谈判子系列

1. 外贸英语谈判实战	王慧　吴旻　张海军　蒋晓杰　仲颖	32.00 元	978-7-80165-767-1	2010 年 9 月第 1 版
2. 外贸谈判策略与技巧	赵立民	26.00 元	978-7-80165-645-2	2009 年 7 月第 1 版

贸易展会子系列

外贸参展全攻略——如何有效参加 B2B 贸易商展（第二版）	钟景松	33.00 元	978-7-80165-779-4	2010 年 10 月第 2 版

区域市场开发子系列

中东市场开发实战	刘军　沈一强	28.00 元	978-7-80165-650-6	2009 年 9 月第 1 版

加工贸易操作子系列

1. 加工贸易实务操作与技巧	熊　斌	35.00 元	978-7-80165-809-8	2011 年 4 月第 1 版
2. 加工贸易达人速成——操作案例与技巧	陈秋霞	28.00 元	978-7-80165-891-3	2012 年 7 月第 1 版

乐税子系列

1. 外贸会计财务处理实务——经验·技巧分享	徐玉树	38.00 元	978-7-80165-958-3	2013 年 8 月第 1 版
2. 生产企业免抵退税实务——经验·技巧分享(第二版)	徐玉树	42.00 元	978-7-80165-936-1	2013 年 2 月第 2 版
3. 外贸企业出口退(免)税常见错误解析 100 例	周朝勇	49.80 元	978-7-80165-933-0	2013 年 2 月第 1 版
4. 生产企业出口退(免)税常见错误解析 115 例	周朝勇	49.80 元	978-7-80165-901-9	2013 年 1 月第 1 版
5. 外贸企业出口退税操作手册	中国出口退税咨询网	42.00 元	978-7-80165-818-0	2011 年 5 月第 1 版
6. 生产企业免抵退税从入门到精通	中国出口退税咨询网	98.00 元	978-7-80165-695-7	2010 年 1 月第 1 版
7. 出口涉税会计实务精要(《外贸会计实务精要》第 2 版)	龙博客工作室	32.00 元	978-7-80165-660-5	2009 年 9 月第 2 版

外贸企业管理子系列

小企业做大外贸的四项修炼	胡伟锋	26.00 元	978-7-80165-673-5	2010 年 1 月第 1 版

国际贸易金融子系列

1. 国际贸易金融服务全程通(第二版)	郭党怀 张丽君 张贝	43.00 元	978-7-80165-864-7	2012 年 1 月第 2 版
2. 国际结算与贸易融资实务	李华根	42.00 元	978-7-80165-847-0	2011 年 12 月第 1 版

毅冰谈外贸子系列

1. 毅冰私房英语书——七天秀出外贸口语	毅　冰	35.00 元	978-7-80165-965-1	2013 年 9 月第 1 版

“实用型”报关与国际货运专业教材

1. 进出口商品归类实务(2012 修订版)	林　青	45.00 元	978-7-80165-902-6	2013 年 1 月第 2 版
2. 现代关税实务(第 2 版)	李　齐	35.00 元	978-7-80165-862-3	2012 年 1 月第 2 版
3. 国际贸易单证实务(第 2 版)	丁行政	45.00 元	978-7-80165-855-5	2012 年 1 月第 2 版
4. 报关实务(第 3 版)	杨鹏强	45.00 元	978-7-80165-825-8	2011 年 9 月第 3 版
5. 海关概论(第 2 版)	王意家	36.00 元	978-7-80165-805-0	2011 年 4 月第 2 版

6. 电子口岸实务	杨鹏强　林青	30.00 元	978-7-80165-771-8	2010 年 9 月第 1 版
7. 国际集装箱班轮运输实务	林益松　郑海棠	43.00 元	978-7-80165-770-1	2010 年 9 月第 1 版
8. 报检实务	孔德民	30.50 元	978-7-80165-717-6	2010 年 5 月第 1 版
9. 国际货运代理操作实务	杨鹏强	45.00 元	978-7-80165-709-1	2010 年 1 月第 1 版

待出：

供应链管理实务

“精讲型”国际贸易核心课程教材

1. 外贸单证实训精讲	龚玉和　齐朝阳	42.00 元	978-7-80165-937-8	2013 年 4 月第 1 版
2. 外贸英语函电实务精讲	傅龙海	42.00 元	978-7-80165-935-4	2013 年 2 月第 1 版
3. 国际结算实务精讲	庄乐梅　李　菁	49.80 元	978-7-80165-929-3	2013 年 1 月第 1 版
4. 报关实务精讲	孔德民	48.00 元	978-7-80165-886-9	2012 年 6 月第 1 版
5. 国际电子商务实务精讲	冯晓宁	45.00 元	978-7-80165-874-6	2012 年 5 月第 1 版
6. 国际贸易实务精讲（第 5 版）	田运银	45.00 元	978-7-80165-863-0	2012 年 2 月第 5 版
7. 国际贸易单证精讲（第 3 版）	田运银	45.00 元	978-7-80165-852-4	2012 年 1 月第 3 版
8. 国际商务谈判实务精讲	王　慧　唐力忻	26.00 元	978-7-80165-826-5	2011 年 9 月第 1 版
9. 国际贸易操作实训精讲	田运银　胡少甫 史　理　朱东红	49.80 元	978-7-80165-823-4	2011 年 8 月第 1 版
10. 国际会展实务精讲	王重和	38.00 元	978-7-80165-807-4	2011 年 5 月第 1 版
11. 国际货运代理实务精讲	杨占林	39.00 元	978-7-80165-636-0	2009 年 6 月第 1 版
12. 海关法教程（第 2 版）	刘达芳	40.00 元	978-7-80165-605-6	2009 年 3 月第 2 版

“实用型”国际贸易课程教材

1. 外贸跟单实务	罗　艳	48.00 元	978-7-80165-954-5	2013 年 8 月第 1 版
2. 国际贸易实务	丁行政　罗艳	48.00 元	978-7-80165-962-0	2013 年 8 月第 1 版

中小企业财会实务操作系列丛书

1. 小企业会计疑难解惑 300 例	刘华　刘方周	39.80 元	978-7-80165-845-6	2012 年 1 月第 1 版
2. 做顶尖成本会计应知应会 150 问	张　胜	38.00 元	978-7-80165-819-7	2011 年 8 月第 1 版
3. 会计实务操作一本通	吴虹雁	35.00 元	978-7-80165-751-0	2010 年 8 月第 1 版

"关务通"品牌图书

书名	作者	定价	书号	出版时间

关务通·原产地系列

书名	作者	定价	书号	出版时间
1.《原产地实务操作与技巧》	"关务通·原地产系列"编委会	70.00元	978-7-80165-981-1	2013年10月第1版
2.《原产地疑难解惑470例》	"关务通·原地产系列"编委会	70.00元	978-7-80165-983-5	2013年10月第1版
3.《如何从原产地淘金》	"关务通·原地产系列"编委会	90.00元	978-7-80165-982-8	2013年10月第1版

关务通·监管通关系列

书名	作者	定价	书号	出版时间
1.《便捷通关一本通》	"关务通·监管通关系列"编委会	60.00元	978-7-80165-984-2	2013年10月第1版
2.《快速通关自查手册》	"关务通·监管通关系列"编委会	60.00元	978-7-80165-979-8	2013年10月第1版
3.《进出境物品通关攻略》	"关务通·监管通关系列"编委会	60.00元	978-7-80165-978-1	2013年10月第1版
4.《通关典型案例启示录》	"关务通·监管通关系列"编委会	60.00元	978-7-80165-980-4	2013年10月第1版
5.《监管通关政策实用指导手册》	"关务通·监管通关系列"编委会	78.00元	978-7-80165-907-1	2012年10月第1版
6.《通关实务操作与技巧——货物、运输工具篇》	"关务通·监管通关系列"编委会	48.00元	978-7-80165-909-5	2012年10月第1版
7.《通关实务操作与技巧——进出境物品篇》	"关务通·监管通关系列"编委会	26.00元	978-7-80165-905-7	2012年10月第1版
8.《通关疑难解惑720例》	"关务通·监管通关系列"编委会	48.00元	978-7-80165-903-3	2012年10月第1版

关务通·加贸系列

书名	作者	定价	书号	出版时间
1.《加工贸易实务操作与技巧》	"关务通·加贸系列"编委会	60.00元	978-7-80165-927-9	2013年3月第1版
2.《海关特殊监管区域和保税监管场所实务操作与技巧》	"关务通·加贸系列"编委会	60.00元	978-7-80165-926-2	2013年3月第1版
3.《加工贸易疑难解惑280例》	"关务通·加贸系列"编委会	60.00元	978-7-80165-928-6	2013年3月第1版

关务通·稽查系列

书名	作者	定价	书号	出版时间
《小王在海关稽查的日子——企业如何配合海关稽查》	"关务通·稽查系列"编委会	70.00元	978-7-80165-925-5	2013年3月第1版

关务通 · 双语系列

《国际海关新视野》	上海海关	60.00 元	978-7-80165-918-7	2012 年 12 月第 1 版

关务通 · 电子口岸系列

1.《电子口岸实用功能》	“关务通 · 电子口岸系列”编委会	32.00 元	978-7-80165-904-0	2012 年 11 月第 1 版
2.《电子口岸实务操作与技巧——通关篇》	“关务通 · 电子口岸系列”编委会	55.00 元	978-7-80165-906-4	2012 年 11 月第 1 版
3.《电子口岸实务操作与技巧——加贸篇》	“关务通 · 电子口岸系列”编委会	55.00 元	978-7-80165-908-8	2012 年 11 月第 1 版
4.《电子口岸疑难解惑 400 例》	“关务通 · 电子口岸系列”编委会	38.00 元	978-7-80165-910-1	2012 年 11 月第 1 版

待出系列与书目

关务通 · 加贸系列

1.《< 中华人民共和国审定内销保税货物完税价格办法 > 实用指导手册》	“关务通 · 加贸系列”编委会
2.《加工贸易政策实用指导手册》	“关务通 · 加贸系列”编委会
3.《加工贸易典型案例启示录》	“关务通 · 加贸系列”编委会

以上图书均可在中国海关出版社网上书店（www. hgcbs. com. cn）、当当网、卓越网、京东网及各地新华书店等处购买。若有其他购书意向，请与本社发行部联系，联系电话 :(010)65195616/5127/4221/4238/4246。

若想了解更多书讯，可关注中国海关出版社官方微信平台，微信号：hgbook。